Não tenha Medo

Jean Case | prefácio de Jane Goodall

Não tenha Medo

BEST-SELLER INTERNACIONAL

5 princípios para uma vida de epifanias e grandes objetivos

ALTA LIFE
EDITORA
Rio de Janeiro, 2019

Não Tenha Medo — 5 princípios para uma vida de epifanias e grandes objetivos
Copyright © 2019 da Starlin Alta Editora e Consultoria Eireli. ISBN: 978-85-508-0856-7

Translated from original Be Fearless. Copyright © 2019 by Jean Case. ISBN 978-1-501-19636-2. This translation is published and sold by permission of Simon & Schuster the owner of all rights to publish and sell the same. PORTUGUESE language edition published by Starlin Alta Editora e Consultoria Eireli, Copyright © 2019 by Starlin Alta Editora e Consultoria Eireli.

Todos os direitos estão reservados e protegidos por Lei. Nenhuma parte deste livro, sem autorização prévia por escrito da editora, poderá ser reproduzida ou transmitida. A violação dos Direitos Autorais é crime estabelecido na Lei nº 9.610/98 e com punição de acordo com o artigo 184 do Código Penal.

A editora não se responsabiliza pelo conteúdo da obra, formulada exclusivamente pelo(s) autor(es).

Marcas Registradas: Todos os termos mencionados e reconhecidos como Marca Registrada e/ou Comercial são de responsabilidade de seus proprietários. A editora informa não estar associada a nenhum produto e/ou fornecedor apresentado no livro.

Impresso no Brasil — 1ª Edição, 2019 — Edição revisada conforme o Acordo Ortográfico da Língua Portuguesa de 2009.

Publique seu livro com a Alta Books. Para mais informações envie um e-mail para autoria@altabooks.com.br

Obra disponível para venda corporativa e/ou personalizada. Para mais informações, fale com projetos@altabooks.com.br

Produção Editorial Editora Alta Books **Gerência Editorial** Anderson Vieira	**Produtor Editorial** Juliana de Oliveira	**Marketing Editorial** marketing@altabooks.com.br **Editor de Aquisição** José Rugeri j.rugeri@altabooks.com.br	**Vendas Atacado e Varejo** Daniele Fonseca Viviane Paiva comercial@altabooks.com.br	**Ouvidoria** ouvidoria@altabooks.com.br
Equipe Editorial	Adriano Barros Bianca Teodoro Carolinne Oliveira Ian Verçosa	Illysabelle Trajano Keyciane Botelho Larissa Lima Laryssa Gomes	Leandro Lacerda Livia Carvalho Maria de Lourdes Borges Paulo Gomes	Raquel Porto Thales Silva Thauan Gomes Thiê Alves
Tradução Carolina Gaio	**Copidesque** Ana Gabriela Dutra	**Revisão Gramatical** Thamiris Leirosa Wendy Campos	**Diagramação** Luisa Maria Gomes	**Capa** Bianca Teodoro

Erratas e arquivos de apoio: No site da editora relatamos, com a devida correção, qualquer erro encontrado em nossos livros, bem como disponibilizamos arquivos de apoio se aplicáveis à obra em questão.

Acesse o site www.altabooks.com.br e procure pelo título do livro desejado para ter acesso às erratas, aos arquivos de apoio e/ou a outros conteúdos aplicáveis à obra.

Suporte Técnico: A obra é comercializada na forma em que está, sem direito a suporte técnico ou orientação pessoal/exclusiva ao leitor.

A editora não se responsabiliza pela manutenção, atualização e idioma dos sites referidos pelos autores nesta obra.

Dados Internacionais de Catalogação na Publicação (CIP) de acordo com ISBD

C337n	Case, Jean Não Tenha Medo: 5 Princípios para uma Vida de Epifanias e Grandes Objetivos / Jean Case ; traduzido por Carolina Gaio. - Rio de Janeiro : Alta Books, 2019. 272 p. ; 14cm x 21cm. Tradução de: Be Fearless Inclui índice. ISBN: 978-85-508-0856-7 1. Autoajuda. 2. Medo. I. Gaio, Carolina. II. Título.
2018-1924	CDD 158.1 CDU 159.947

Elaborado por Vagner Rodolfo da Silva - CRB-8/9410

Rua Viúva Cláudio, 291 — Bairro Industrial do Jacaré
CEP: 20.970-031 — Rio de Janeiro (RJ)
Tels.: (21) 3278-8069 / 3278-8419
www.altabooks.com.br — altabooks@altabooks.com.br
www.facebook.com/altabooks — www.instagram.com/altabooks

Para todos os que ouviram aquela voz sussurrar:
"Este é o seu momento" —
e escolheram atender ao chamado.

E para todos os que inspiraram e apoiaram a minha
própria jornada audaciosa.

Se somasse todas as vezes que você fracassou,
todas as vezes em que desistiu antes de chegar
você tentaria de novo?

E se o fracasso não fosse uma limitação?
E se assumir riscos fosse seu *status quo*?
Que tipo de mundo você imaginaria?

Quando os desafios que enfrentamos parecem nos devastar,
precisamos buscar novas ideias e saídas,
criar parcerias impensáveis
e definir metas audaciosas.

Para construir um mundo melhor
para fazer uma diferença expressiva,
temos que correr riscos maiores,
fazer apostas mais altas.
E, se falharmos, e falharmos, novamente,
teremos que retroceder e sonhar ainda mais alto.

Para viver em um mundo que valha a pena,
temos que deixar o desafio nos inspirar.
Temos que correr riscos, ter garra e persistir.
Não Tenha Medo.

AGRADECIMENTOS

A decisão e o processo de escrever um livro varia conforme o autor. Para os que escrevem o primeiro, como é meu caso, após a conclusão do manuscrito, pode haver um desejo de abordar os agradecimentos sob uma perspectiva mais ampla, que inclua pessoas que passaram pela trajetória de uma vida, além das que contribuíram de forma mais imediata para o livro. Aqui eu reflito sobre aqueles agentes centrais cuja influência e inspiração me trouxeram a este momento incrível, que me capacitou para publicar meu primeiro livro, além daqueles que desempenharam um papel crucial para trazer à vida os princípios para Não Ter Medo nos últimos seis anos. Alguns desses indivíduos já tiveram seu nome e histórias citados, enquanto outros aparecem aqui pela primeira vez.

Meu marido, Steve, foi a mola propulsora para eu escrever este livro. Ele ficou arrebatado com os princípios para Não Ter Medo assim que compartilhei a pesquisa original com ele, e viu o potencial dessas ideias de motivarem o pensamento empreendedor em todos os setores e para pessoas de todas as origens. Quando Steve viu como a mensagem de Não Ter Medo era engajadora, sugeriu que eu considerasse escrever um livro para difundi-la amplamente. Steve é presidente da Case Foundation, e, apesar de a termos cofundado, credito a ele as contribuições generosas ao nosso trabalho e à escala de recursos financeiros que conseguimos, bem como por ter compartilhado suas ideias incrivelmente valiosas à medida que nossos projetos filantrópicos progrediram nos últimos 21 anos. Ele é um líder incrível e um inovador brilhante com quem continuo aprendendo e com o qual cresço, e me considero abençoada por tê-lo como parceiro de vida. Como faz todos os dias na vida que compartilhamos, na redação deste livro não foi diferente, Steve me encorajou, desafiou e expressou seu apoio amoroso em cada etapa do processo. Não há dúvida de que sou mais destemida em minha vida por causa dele.

Nossa família é composta por cinco filhos millennials — minhas filhas, Nikki e Katie; e os filhos do casamento anterior de Steve, Everett (e sua esposa, Meaghan), Annie e Katie. Minha vida foi profundamente enriquecida ao me tornar mãe. Ao refletir sobre minha própria jornada destemida ao longo dos anos, vejo claramente a influência que nossos filhos tiveram na forma como vejo o mundo. Eu aprendi com eles, tive minhas opiniões transformadas e expandidas por causa deles e testemunhei em primeira mão o poder dessa geração para mudar o mundo. Ser mãe tem sido um dos maiores privilégios da minha vida e agradeço por todos os dias com a família que amo. Minhas filhas têm um pai afetuoso e protetor, Dan Villanueva, e agradeço o importante papel que ele desempenha em suas vidas.

Quando decidi escrever este livro, procurei nosso estimado amigo e membro da diretoria da Case Foundation, Ron Klain, cuja própria vida daria um livro, tendo servido como chefe de equipe para dois ex-vice-presidentes dos EUA. Ron conhecia nosso trabalho com os princípios para Não Ter Medo há anos e forneceu ideias preciosas que ajudaram a tornar o livro real. Como ponto de partida, Ron me incentivou a ir à luta para conseguir que Bob Barnett se tornasse meu agente literário. Bob

AGRADECIMENTOS

é renomado no mercado editorial, especificamente em Washington, D.C., onde trabalha para ex-presidentes e outras grandes personalidades. Há anos, a orientação de Bob auxilia inúmeros best-sellers a alçarem esse posto. Sou imensamente grata a ele por ter aceitado este livro de uma autora de primeira viagem e pela motivação, sabedoria, diversão e experiência prática que acrescentou a cada passo do caminho.

Foi Bob Barnett que sugeriu que eu arranjasse um colaborador, e me colocou em contato com outra exímia veterana do mercado editorial (e de best-sellers), Catherine Whitney. Bob sabia que sou completamente apaixonada pelas histórias que escrevi a fim de transmitir os princípios para Não Ter Medo, e sabiamente sugeriu Catherine como uma voz valiosa e um olhar atento para estruturar o manuscrito. No momento em que a conheci, senti a ação do destino.

Desde nossa primeira reunião, ficou claro que ela compartilhava uma paixão pelo chamado maior que este livro aborda e pelas histórias que destacávamos. Mas foi sua mão habilidosa que pegou essas histórias e as editou, ajustou, selecionou e trabalhou comigo para determinar sua organização final no livro. Durante todo esse processo, meu respeito e verdadeira afeição por Catherine ficaram ainda mais fortes. Fico muito feliz por ter tido uma colaboradora de alto nível, e suspeito (e espero) que ela será uma amiga para toda a vida.

Este livro não teria se tornado real sem a equipe destemida da Simon & Schuster, que apoiou de forma unânime e integral este projeto desde o início. Em particular, agradeço muito a orientação e as ideias de Jonathan Karp e Richard Rhorer, e da dupla dinâmica Priscilla Painton e Megan Hogan, que orientaram de forma minuciosa e mantiveram o livro no rumo certo.

AGRADECIMENTOS

Serei eternamente grata à Dra. Jane Goodall por escrever o prefácio deste livro. Jane é um modelo extraordinário de garra desde bem jovem. Sua história lembra-nos de que às vezes a falta de treinamento ou educação formal pode ser uma vantagem quando nos propomos a buscar as Apostas Altas da vida. Sua busca por justiça e igualdade tanto para os animais quanto para os seres humanos sempre me inspirou profundamente. Poucas pessoas conquistaram tamanhos feitos, e sou grata por meu trabalho na National Geographic Society ter possibilitado que eu a conhecesse.

A propriedade intelectual dos princípios para Não Ter Medo pertence à Case Foundation, não a mim, pessoa física, e há um motivo. Eu não poderia ter escrito este livro sem a ajuda e o apoio de toda a nossa equipe, desde os executivos mais altamente graduados até os estagiários — como equipe, pesquisamos, debatemos e celebramos juntos cada aspecto em questão do livro. Este não é um livro com visões que não se convergem, mas uma apresentação estudada do que coletivamente acreditávamos que seria a melhor maneira de transmitir sua importante mensagem por meio do storytelling. Há duas pessoas que devem ser citadas por sua extraordinária ajuda e apoio nesse processo — Sam Heitner e Louise Storm. Ambos abraçaram a ideia como se o livro fosse deles, dando grandes ideias e fazendo críticas construtivas, e me mantendo focada e motivada durante todo o processo.

Agradeço também as contribuições de Sarah Koch, que, como eu, traz muitos anos de experiência na Case Foundation, ensinando e compartilhando esses princípios, com uma consciência astuta das consequências típicas de sua difusão. Ela orientou grande parte da pesquisa subjacente às histórias (junto com nosso estagiário Will Potts). Jess Zetzman, que trouxe seu conhecimento de marketing e mídia social, e Jade Floyd, cujo

AGRADECIMENTOS

compromisso nos últimos seis anos tem sido inabalável, acrescentaram um olho clínico fundamental a todos os recantos que contemplamos na organização do conteúdo do livro. Eu não poderia fazer tudo o que faço na Case Foundation sem a mão firme e norteadora de Brian Sasscer, um executivo sênior de longa data da fundação, que trabalha comigo desde a época da AOL.

Brian, com os ex-colegas da Case Foundation — Michael Smith, Allie Burns e Erich Broksas, formou a equipe executiva original que trabalha comigo há seis anos para dar vida aos princípios para Não Ter Medo — de certa forma, eles cofundaram este trabalho comigo, e cada um contribuiu com sacadas inestimáveis quando eu estava fazendo o manuscrito. Também sou grata ao nosso conselho da Case Foundation pelo apoio entusiasmado a este trabalho nos últimos seis anos: Sean Greene, Doug Holladay, Donna Hoyle, Ron Klain, Song Pak, John Sabin, Sonal Shah e Steve.

Além da equipe da Case Foundation, contei com a experiência de três importantes colaboradores. Raphael Bemporad, do BBMG, que, ao estudar nosso trabalho na Case Foundation, criou o título e a estrutura geral do livro (*Be Fearless*, no original). Em seguida, com base na pesquisa de Brad Rourke e Dra. Cynthia Gibson, fizemo-nos uma pergunta simples: quais são os elementos recorrentes afetados pelos avanços revolucionários em todos os setores, a qualquer tempo? Em busca de dados para responder a essa pergunta, eles descobriram os cinco princípios que destacamos neste livro. Somos gratos por essas contribuições cruciais para nosso trabalho, que direcionaram os princípios para Não Ter Medo, desde o início, por um caminho substancial. Quando lançamos *Be Fearless* (o original, em inglês), convidamos um pequeno grupo de líderes diversificados para compartilhar conosco esse dia especial na Case Foundation. Nossos mais profundos agradecimentos a Walter Isaacson, ao senador Mark Warner, a Tom Tierney e a Barbara Bush — filha do ex-presidente.

George W. e Laura Bush compartilham um certo crédito por ter, de forma única, abraçado este trabalho logo de cara. No evento de lançamento, centenas de parceiros se juntaram a nós por meio de webcasts que ajudaram a difundir os princípios em suas empresas e redes de contatos, e seremos sempre gratos por muitos permanecerem ativamente envolvidos e entusiasmados com o trabalho. O mesmo espírito ainda é visto seis anos depois, na orientação e nas sacadas que Ross Baird, Genevieve Ryan e Brad Feld compartilharam conosco ao revisar as primeiras versões deste livro, o que nos mostrou a importância de buscar pessoas com perspectivas diferentes para melhorar todo projeto que se começa.

Este livro simplesmente não teria sido possível sem o amor e apoio de muitos que me motivaram, inspiraram, apoiaram e encorajaram. Tentei transmitir a influência desmedida que minha mãe, Norma Norton, e meus avós, Ernest e Anna Baumgarten, tiveram na minha vida. Suas vidas foram modelos de como viver de forma destemida e do comprometimento com algo maior do que si mesmos. Sou grata pelo apoio que meus irmãos, Jack e Jim, deram-me durante toda a minha vida e pelo amor de minha falecida irmã, Judy. Jack e eu nos falamos quase todos os dias, e ele continua sendo minha fonte de amor, apoio e motivação.

Quando enviei o livro para Jack revisar, ele leu em poucas horas e me ligou cheio de orgulho e entusiasmo, e me deu um feedback muito útil. Além disso, sou grata pela Case Ohana (família), que tive a sorte de ter em minha vida desde que me casei com Steve. Perdemos Dan, seu irmão, para um câncer cerebral em 2001. Dan era um líder destemido e independente, cuja vida

AGRADECIMENTOS

ainda serve como inspiração. Ele cofundou o Accelerate Brain Cancer Cure (ABC2) junto com a esposa, Stacey, Steve e eu, com o compromisso de acelerar as terapias e a cura para essa terrível doença nos próximos anos.

Agradeço a minha amiga Jill Chandler por me contar sua emocionante história de vida como órfã da Coreia. Tive o privilégio de conhecer seus maravilhosos pais adotivos, em Michigan, que, mesmo com uma família de três filhos, voaram para Seul, na década de 1960, para buscar o novo membro, muito amado, da família. Mais um filho coreano foi adicionado à família um ano depois. Muito obrigada a Jill por me permitir destacar sua história neste livro (Capítulo 23). Jill e eu nos tornamos amigas muito antes de eu chegar à AOL ou conhecer essa extraordinária vida de privilégios, e ela ficou ao meu lado a cada capítulo dessa trajetória existencial. Seu apoio inabalável e papel especial em nossa família foram tudo para mim.

Diane Wright tem sido minha inspiração por décadas. Uma amiga querida e advogada talentosa, dedica-se há anos diária e incansavelmente a tornar o mundo um lugar melhor por meio do serviço em instituições sem fins lucrativos e religiosas, e isso tem me inspirado de forma crucial ao longo dos anos. Adoro nossas caminhadas matinais por um trajeto arborizado no rio Potomac, na Virgínia, onde, enquanto caminhamos e conversamos, avaliamos o quanto de garra e propósito colocamos em nossas vidas e refletimos sobre o papel da fé nos chamando a servir aos outros.

Dawn Broksas é uma colega querida com quem trabalhei durante 18 anos e alguém que desempenhou um papel importante em vários aspectos da minha vida. Dawn é aquela presença silenciosa que mantém tudo nos conformes para me permitir a liberdade e a flexibilidade para atender a prioridades urgentes, viajar e ficar conectada com os que estão mais próximos de mim. Dawn e eu compartilhamos raízes humildes do Centro-Oeste, e é claro que foi incrivelmente válido receber sua opinião sobre este livro.

Minha professora da sexta série e querida amiga de longa data (mencionada no livro), Carol Neal, fez uma revisão importante. Os textos, os telefonemas e o olhar clínico que trouxe ao tom do livro asseguraram sua acessibilidade a todas as esferas. Contei com ela também para verificar minhas lembranças dos primeiros anos, uma época da qual ela participou intensamente. Rimos da ironia de ela ter revisado meu trabalho, já que, além de ter sido minha professora, foi a conselheira do corpo docente da equipe do anuário quando eu fui a editora... ou seja, de alguma forma, ela sempre esteve checando meu trabalho. Carol é a grande responsável por ter inflamado minha fé, ainda bem cedo, e seguiu uma vida de servidão que me inspirou profundamente.

Meu amor pela palavra escrita e por história foi despertado por Ruth Trippy, minha professora de inglês, e Bob Beavin, meu professor de história, ambos do ensino médio. Eles abriram novos mundos para mim e me tornaram confiante para desenvolver de forma destemida minha curiosidade e ideias, e para expressá-las através da escrita. Ken Wackes, já falecido, me compeliu a buscar a excelência em tudo o que eu fizesse e me incutiu a autodisciplina, a perseverança e o senso de importância de usar meus talentos e habilidades para um propósito maior na vida.

Escrevi sobre o congressista E. Clay Shaw logo no começo deste livro, mas todo destaque a sua influência na minha juventude é pouco. Ele foi um perfeito cavalheiro, dedicado a sua esposa e família, e totalmente comprometido com uma vida de servidão pública a sua comunidade e nação. Em uma época em que muitos políticos não eram tão nobres (especialmente quanto

AGRADECIMENTOS

às jovens), Clay era conhecido por sua integridade pessoal e profissional. Após sua morte, tive o verdadeiro privilégio de contar a história de seu importante papel em minha vida no Café da Manhã de Oração do Prefeito de Fort Lauderdale, realizado em sua memória. Mais de mil participantes sentaram-se na plateia para homenagear um homem amado por incontáveis pessoas.

Os destemidos homens e mulheres da National Geographic Society foram uma fonte constante de inspiração. Algumas das histórias da National Geographic que compartilhei neste livro estavam presas na minha garganta, só esperando para serem contadas. Admiro a garra que encontro todos os dias em meu trabalho com a National Geographic, nos exploradores e fotógrafos com quem passo meu tempo no campo, e naqueles que trabalham incansavelmente na sede para defendê-los e dar vida à ciência e exploração por meio do storytelling.

Sou grata aos incríveis conselhos da National Geographic Society e da National Geographic Partners, o qual tenho a honra de presidir, por seu trabalho e comprometimento destemidos ao assumir riscos, formar parcerias impensáveis e fazer Apostas Altas enquanto nos esforçamos para tornar o trabalho da National Geographic mais relevante do que nunca. Devo um destaque especial a John Fahey, Gary Knell e Mike Ulica pelo papel que desempenharam como os líderes responsáveis por proporcionar o tom destemido que permeia toda a organização. Além disso, agradeço a Emma Carrasco, Todd Georgelas, Courtney Rowe e Todd Hermann, que conferiram muitas das informações relacionadas à National Geographic no livro.

Sou grata aos líderes da Social Enterprise Initiative, da Harvard Business School; do PACS, da Stanford Business School; e do Beeck Center, da Universidade de Georgetown, onde tive o privilégio de atuar. Especificamente, cito Tom Tierney, Laura

AGRADECIMENTOS

Arrillaga-Andreessen, Alberto e Olga Maria Beeck, Sonal Shah e Kim Meredith. O trabalho com essas grandes instituições proporcionou um profundo conhecimento e inspiração que integramos de forma expressiva em nosso trabalho na Case Foundation. Além disso, agradeço às muitas universidades dos EUA que receberam de bom grado a mensagem deste livro em suas salas de aula, em grandes eventos ou em seus campi. Os representantes da inovação social dessas universidades, principalmente os estudantes, mantêm-nos alertas e, constantemente, garantem a autenticidade deste trabalho.

Ademais, eu seria negligente se não mencionasse a inspiração vindas dos CEOs com os quais atuo nas organizações às quais sou afiliada, incluindo John Reher, do Brain Trust Accelerator Fund; Max Wallace, da ABC2; Michael Singer, da BrainScope; e Stewart McLaurin, da Associação Histórica da Casa Branca.

Por fim, agradeço aos muitos homens e mulheres destemidos de todas as idades e origens, cujas histórias são contadas neste livro, e as muitas que investigamos através de outros canais, como nossa série de vídeos *Be Fearless*, estudos de caso e aqueles destacados em palestras. Assim como qualquer ser humano, tenho momentos que me travam e questiono minha própria garra. Sou grata pelas inúmeras histórias de pessoas e empresas que diariamente fazem Apostas Altas, assumem riscos, aprendem com os fracassos, saem da bolha e sobrepujam o medo à urgência. Elas são uma inspiração para todos nós.

SOBRE A AUTORA

Jean Case, primeira mulher presidente da National Geographic Society, em seus 130 anos de história, e CEO da Case Foundation, é uma filantropa, investidora e pioneira na internet e nos investimentos de impacto que defende a importância de se adotar uma abordagem destemida para inovar e propiciar avanços revolucionários. Sua carreira no setor privado durou quase duas décadas antes de ela cofundar a Case Foundation, em 1997.

Antes da Case Foundation, foi executiva sênior da America Online, Inc., onde coordenou o marketing e o branding conforme a AOL difundia a internet para as massas.

Além disso, Jean atualmente integra as diretorias da Accelerate Brain Cancer Cure (ABC2), da Associação Histórica da Casa Branca e da BrainScope Company, Inc., bem como os conselhos consultivos do Brain Trust Accelerator Fund, do Centro de Filantropia e da Sociedade Civil de Stanford, e o Centro Beeck de Impacto Social e Inovação da Universidade de Georgetown. Ela foi eleita para a Academia Americana de Artes e Ciências em 2016 e recebeu graus honorários da Universidade de Indiana e da Universidade de George Mason. *Vá à Luta: 5 Princípios para uma Vida de Epifanias e Grandes Objetivos* é seu primeiro livro.

SUMÁRIO

Prefácio: Jane Goodall xxiii
Introdução: Encontrando a Garra xxix
Minha História: Deixando o Normal para Trás xxxv

PARTE UM: APOSTE ALTO

Capítulo 1: Comece Exatamente Onde Está	3
Capítulo 2: Seja Audacioso	19
Capítulo 3: Supere as Expectativas	29
Capítulo 4: Observe ao Redor	41
Capítulo 5: Agora Vá e Faça Sua Aposta Alta	49

PARTE DOIS: SEJA OUSADO, ARRISQUE-SE

Capítulo 6: Saia da Zona de Conforto	55
Capítulo 7: Entenda o Risco como P&D	63
Capítulo 8: Dê Continuidade ao Trabalho de Outras Pessoas	71
Capítulo 9: Arrisque-se ou Arrependa-se	79
Capítulo 10: Agora Vá e Encontre a "Zona de Coragem"	87

PARTE TRÊS: APROVEITE O FRACASSO

Capítulo 11: Quebre a Cara e Aprenda   93

Capítulo 12: Fracasse Como os Gigantes   101

Capítulo 13: Enfrente as Adversidades   109

Capítulo 14: Mire o Futuro   115

Capítulo 15: Agora Vá e Aproveite o Fracasso   123

PARTE QUATRO: SAIA DA BOLHA

Capítulo 16: Livre-se dos Pontos Cegos   129

Capítulo 17: Forme Parcerias Impensáveis   137

Capítulo 18: Junte Tudo e Mude o Mundo   149

Capítulo 19: Intensifique as Parcerias para Crescer   161

Capítulo 20: Agora Vá e Saia da Bolha...
Todos os Dias   169

PARTE CINCO: SOBREPUJE A URGÊNCIA AO MEDO

Capítulo 21: Agarre a Oportunidade   173

Capítulo 22: Seja o Primeiro Interventor   181

Capítulo 23: Não Pense Nem Analise
Demais — Aja   189

Capítulo 24: Agora Vá e Faça a Diferença   199

Epílogo: De Volta ao Normal   203

Notas   207

Índice   225

PREFÁCIO

JANE GOODALL

Uma das mensagens mais importantes que compartilho com as pessoas ao viajar pelo mundo é que cada um de nós desempenha um papel, cada um de nós impacta de alguma forma o meio ambiente e a comunidade em que vivemos todos os dias. E podemos escolher que tipo de diferença queremos fazer.

Conforme avançar a leitura do livro da presidente da National Geographic Society, Jean Case, *Não Tenha Medo: 5 Princípios para uma Vida de Epifanias e Grandes Objetivos*, você verá que essa é uma das principais mensagens para seus leitores, que ecoa em todo seu apelo para termos garra — ou melhor, para que, quando necessário, superemos o medo de fazer o que sabemos ser o certo.

Conheço a importância dessas mensagens, já que o chamado para Não Ter Medo tem guiado toda a minha vida. Eu tive sorte. Quando tinha dez anos, sabia que queria ir para a África viver com animais selvagens e escrever livros sobre eles. Felizmente, tive uma mãe maravilhosa e encorajadora. Quando todos me disseram para sonhar com algo que eu realmente pudesse concretizar — afinal, tínhamos muito pouco dinheiro, a Segunda Guerra Mundial estava a toda, a África parecia muito distante, e eu era só uma *garotinha* — minha mãe simplesmente me disse que eu teria que trabalhar arduamente, aproveitar todas as oportunidades... e nunca desistir. Eu gostaria que ela estivesse viva agora para que soubesse quantas pessoas me disseram: "Obrigado, Jane. Você me ensinou que, como você conseguiu, eu também posso conseguir."

Bem, é de conhecimento geral que fui à África e tive a incrível oportunidade de viver e aprender com os animais que mais gostam de nós, os chimpanzés. Ninguém havia feito isso antes. As pessoas costumam me perguntar: "Você não sentiu medo quando estava sozinha na floresta?" Claro que em alguns momentos eu senti. Somos programados para sentir medo, pois é ele que faz a adrenalina fluir por nossas veias e nos dá a garra para fazer o que parece impossível.

Tive medo quando ouvi o estranho rugido de um leopardo à noite, enquanto eu dormia sozinha sob as estrelas para ficar perto dos chimpanzés quando eles acordassem. Eu disse a mim mesma que tudo ficaria bem — e me cobri até a cabeça com o lençol! Eu tive medo quando dois búfalos saíram detrás da vegetação rasteira — a onda de adrenalina me permitiu escalar uma árvore aparentemente impossível de ser escalada. (Precisei de mais coragem para, em algum momento, descer, sem saber se eles ainda estavam se escondendo, esperando por mim. Felizmente, não estavam!) Eu tive medo quando um grupo de chimpanzés, tendo perdido o medo de mim, começou a me tratar como predadora, gritando, balançando galhos e se aproximando. Agi como se não tivesse interesse neles, cavei um pequeno buraco no chão e fingi comer folhas — e eles acabaram indo embora!

No final das contas, todos os chimpanzés se acostumaram comigo, e eu pude ir até eles. Logo os reconheci como indiví-

PREFÁCIO

duos, dei-lhes nomes, conheci suas personalidades muito diferentes. E aprendi que seus gestos de comunicação — beijar, abraçar, acariciar um ao outro, implorar com a mão estendida, e assim por diante — eram quase os mesmos que os nossos, usados nos mesmos contextos. Eu os observei usar caules de grama para pescar cupins. Notei que suas emoções também eram semelhantes (ou talvez iguais) às nossas em termos de felicidade, tristeza, medo, raiva, depressão e tristeza.

Foi um momento mágico em minha vida.

Então, depois de passar pouco mais de um ano com os chimpanzés, tive que ir para a Universidade de Cambridge tentar um doutorado em comportamento animal — embora nunca tivesse cursado uma graduação. Lá, tive que ser destemida e superar um tipo muito diferente de medo: imagine como me senti quando professores, pelos quais sentia grande admiração, disseram-me que eu havia feito tudo errado. Eu não deveria ter nomeado os chimpanzés — os números teriam sido mais científicos. Eu não deveria falar sobre suas personalidades, mentes ou emoções — essas eram características exclusivas dos seres humanos.

Felizmente, como eu não tinha frequentado uma universidade, ninguém havia me dito isso! Além disso, eu tive um maravilhoso professor na infância — meu cachorro, Rusty! Você não pode compartilhar sua vida de maneira significativa com *qualquer* animal que seja sem perceber que *não* somos os únicos seres com mentes, personalidades e, acima de tudo, emoções. Minha mãe sempre me disse que, se eu acreditasse que estava certa, deveria ter garra sobre minhas convicções. Então foi Rusty e minha mãe que me ajudaram a superar meu medo e a enfrentar aqueles professores.

PREFÁCIO

Hoje, a Mãe Natureza precisa da nossa ajuda. Os chimpanzés, que tanto nos ensinaram, enfrentam sérios problemas — assim como tantos outros maravilhosos animais e plantas — enquanto suas florestas desaparecem. O mesmo acontece com bosques, pantanais, savanas e praticamente todos os habitats. Estamos perdendo a biodiversidade. Estamos poluindo terras, rios e oceanos. As populações humanas e o nosso planeta estão atribulados por inúmeros desafios, com uma grande necessidade de encontrar soluções sustentáveis para o futuro.

E é por isso que este livro é tão oportuno. Não houve outro momento na história em que foi mais crucial ser destemido, superar nossa aceitação do *status quo* e, cada um de nós, avançar e agir para fazer a diferença em nosso mundo.

Devemos trabalhar com o objetivo de capacitar todos para que consigam agir em prol de melhorar situações ruins e tornar os erros acertos. E *Não Tenha Medo* reúne as ferramentas e histórias que inspiram e empoderam a todos para tomar exatamente esse tipo de atitude.

Vejo o valor dessa mensagem todos os dias por meio do trabalho da Roots & Shoots, o movimento ambiental e humanitário do Jane Goodall Institute para jovens de todo o mundo, desde o jardim de infância até o ensino superior, que comecei em 1991. Hoje, são mais de 100 mil grupos ativos de Roots & Shoots em 70 países, compostos por jovens que trabalham para melhorar a situação de pessoas, animais e do meio ambiente. A mensagem mais importante da Roots & Shoots é que cada indivíduo faz a diferença todos os dias. E em alguns casos isso significa superar o medo. Não devemos ter medo de defender aquilo em que acreditamos, fazer as escolhas certas. E, quando milhões e milhões de pessoas fazem escolhas éticas, isso nos leva, cumulativamente, a um mundo melhor.

PREFÁCIO

Então agora, enquanto lê o livro de Jean Case, *Não Tenha Medo*, espero que, se você ainda não estiver envolvido em alguma atividade, ouça o chamado para a ação e saiba que você também pode mudar o mundo. As histórias que Jean reuniu neste livro para dar vida aos princípios para Não Ter Medo provam que todos podem fazer a diferença. Não precisa ser algo homérico. Tente se voluntariar para ajudar organizações que atuem em áreas que você considera importantes — como recolher lixo, visitar pessoas idosas abandonadas por suas famílias ou trabalhar em abrigos de animais. Engaje-se em campanhas para proteger ambientes sob ameaça por causa do desenvolvimento ou perfuração. Aprenda mais a respeito do que está acontecendo — a seu redor e na sociedade como um todo. Mais cedo ou mais tarde, você descobrirá a questão que realmente desperta sua paixão; deixa-o triste, indignado, irritado. Então, arregace as mangas, faça acontecer e NÃO TENHA MEDO.

Dra. Jane Goodall, DBE

Fundadora do Jane Goodall Institute
e do United Nations Messenger of Peace

www.janegoodall.org

INTRODUÇÃO

ENCONTRANDO A GARRA

Este livro é uma chamada à ação para aqueles que querem viver vidas extraordinárias. Talvez seja você.

Se acha que apenas gênios raros, indivíduos excepcionalmente privilegiados ou organizações com financiamento considerável podem lançar um produto inovador ou dar vida a um movimento que transforme o mundo, apresentarei a você nestas páginas pessoas destemidas de todos estilos de vida que tornaram o inimaginável real. Você ficará deslumbrado com as conquistas delas, e é fácil presumir que possuem habilidades ou vantagens extraordinárias que as diferenciam dos meros mortais. Mas tenho novidades para você. A única característica que tinham em comum era a seguinte: todas eram apaixonadas pela ideia de tornar o mundo melhor. Elas aproveitaram e preservaram as oportunidades apesar de obstáculos assustadores, fracassos recorrentes e objeções significativas — e tiveram sucesso. Hoje, olhamos para essas pessoas, nossos inventores mais lendários, e nos perguntamos como o mundo existia sem suas contribuições. Como verá aqui, muitas de suas histórias oferecem inspiração e dicas úteis sobre como podemos impactar de forma mais intensa todos os aspectos de nossas vidas, e ser referência de coragem para os outros.

INTRODUÇÃO

Os desafios globais de hoje — pobreza, agitação civil, impasses políticos, cisões econômicas, mudanças climáticas — são diariamente o cenário de nossas salas de estar. Mas, se esses problemas parecerem muito grandes e complexos — mais fáceis de ignorar do que de tentar resolver —, saiba que nunca houve um momento melhor para colocar a mão na massa. Uma explosão de inovação tecnológica está transformando o modo como vivemos. E, se quisermos acompanhar o ritmo acelerado das mudanças, precisamos repensar as formas tradicionais de agir.

Meu marido, Steve, e eu fundamos a Case Foundation em 1997 com uma missão ousada: *investir em pessoas e ideias capazes de transformar o mundo.* Isso significa que estamos sempre investigando e testando tudo para encontrar as melhores ideias, líderes e modelos para inovação. Há alguns anos, contratamos uma equipe de especialistas para determinar o "ingrediente secreto" que impulsionava os raros líderes, organizações e movimentos ao sucesso. Eles descobriram cinco princípios que estão consistentemente presentes quando ocorrem avanços revolucionários. Para desencadear esse tipo de mudança, você precisa:

1. **Apostar alto.** Muitas pessoas e organizações são naturalmente cautelosas. Observam o que parecia funcionar no passado e tentam replicar, o que acarreta avanços apenas incrementais. Todas as transformações que verdadeiramente fizeram história ocorreram quando as pessoas decidiram optar por uma mudança revolucionária.

2. **Ter garra, assumir riscos.** Tenha a coragem de testar coisas novas e não comprovadas, e o rigor de continuar experimentando. Correr riscos não é dar um salto cego de um precipício, mas adotar um longo processo de tentativa e erro, que não termina com o lançamento de um

produto nem o início de um movimento. Você precisa estar disposto a arriscar a *próxima* grande ideia, mesmo que isso signifique perturbar o próprio *status quo*.

3. **Dar importância ao fracasso.** Grandes empreendedores encaram o fracasso como uma parte necessária do progresso para o sucesso. Ninguém busca fracassar; mas, se você está tentando novas abordagens, o resultado é, por definição, incerto. Quando erros acontecem, os grandes inovadores valorizam o contratempo, aplicando as lições aprendidas e compartilhando-as com outras pessoas.

4. **Extrapolar sua bolha.** Nossa sociedade é escrava do mito do gênio solitário. Mas a inovação acontece nas interseções. Muitas vezes, as soluções mais originais surgem do envolvimento com pessoas com experiências diversas, para que novas e inesperadas parcerias se formem.

5. **Deixar o ímpeto vencer o medo.** Não pense demais nem dramatize. É natural querer analisar um problema de todos os ângulos, mas se perder em perguntas como "E se estivermos errados?" e "E se houver um jeito melhor?" pode paralisá-lo de medo. Permita que a necessidade imperativa de agir supere todas as dúvidas e contratempos.

Esses cinco princípios se resumem em três palavras: Não Tenha Medo. Juntos, compõem o roteiro para a efetiva implementação da mudança por pessoas de todas as classes sociais; mas é importante notar que não são "regras". Eles nem sempre funcionam em paralelo ou sequencialmente, e nenhum deles é mais importante do que o outro. Pense neles como um conjunto de indicadores que ajudam a identificar quando as decisões estão sendo tomadas sem medo.

Sabíamos que estávamos envolvidos quando compartilhamos esses princípios com amigos e colegas e começamos a ouvir pessoas dos setores privado, público, sem fins lucrativos e filantrópico que queriam incorporá-los a seu trabalho.

Sempre que falo sobre mentalidade destemida, o público fica empolgado com a tangibilidade dos princípios. Como me disseram: "São atitudes que consigo adotar!" As pessoas frequentemente me procuram e contam suas histórias sobre garra, que iluminam minha imaginação e me enchem de admiração: uma garota de 14 anos que criou uma organização sem fins lucrativos (ONG) para descartar de forma limpa medicamentos controlados; um homem que começou uma padaria para empregar homens e mulheres "não empregáveis" que tinham acabado de sair da prisão; um imigrante cubano que criou uma fórmula para tornar a vida assistida acessível; um ativista liberiano que elaborou um programa para ajudar comunidades remotas a terem acesso a clínicas médicas; um jovem agricultor que inventou um processo de plantio direto que salvará um dos recursos mais preciosos da Terra; um chef famoso de Washington, D.C., que descobriu como servir milhões de refeições para vítimas de furacões em extremas dificuldades.

Essas pessoas sonharam grande, mas a maioria começou com passos pequenos em terrenos conhecidos. Ler suas histórias é como seguir um rastro de migalhas de pão: elas fizeram ligações telefônicas, bateram às portas, escreveram suas opiniões em letras garrafais, fizeram promessas e as cumpriram, encontraram comunidades de apoio, e não aceitaram um não como resposta. Elas fizeram coisas que qualquer um pode fazer.

ENCONTRANDO A GARRA

Não importa se você está trabalhando em uma startup, deparando-se com uma encruzilhada pessoal, integrando uma organização consolidada ou procurando inspiração para fazer uma mudança que transforme sua vida, os princípios para Não Ter Medo orientam como dar o próximo passo. E o momento para agir é agora.

Sempre me inspiro em pessoas que desafiam a si mesmas e àqueles que as cercam perguntando: "O que você faria se não sentisse medo?"

Não Tenha Medo conta histórias de inovadores, ativistas, artistas, empreendedores, cientistas, exploradores, empresários e colaboradores de organizações que responderam a essa pergunta com ações que falaram mais do que palavras. Alguns desses indivíduos lhe são familiares; de outros, você nunca ouviu falar. Ao ler sobre eles, espero que se imagine a seu lado.

MINHA HISTÓRIA
DEIXANDO O NORMAL PARA TRÁS

Minha jornada pessoal para a mentalidade destemida começou da maneira mais normal possível — litcralmente. Cresci na pequena cidade de Normal, Illinois, bem na região central dos EUA. Na década de 1960, Normal era o lar da Universidade do Estado de Illinois, da State Farm Insurance e do primeiro restaurante Steak'n Shake do país, cujo slogan — "In Sight, It Must Be Right" [À Vista, É Preciso Fazer Direito, em tradução livre] — era uma ode à virtude da transparência. Os clientes ficavam maravilhados ao ver deliciosos hambúrgueres sendo preparados diante de seus olhos.

Como muitas cidades do Centro-Oeste, Normal tinha uma mistura de operários, pequenos empresários, educadores, executivos e pessoas que lutavam para viver de salário em salário. As casas da alameda em que minha família morava pertenciam a professores da Universidade do Estado de Illinois, ao dono da franquia drive-in da A&W da cidade, a operários e caminhoneiros de longa distância, como meu pai.

Normal era o tipo de lugar em que todo mundo sabe seu nome. Meu quintal era um milharal, e eu corria pelas fileiras estreitas que separavam os pés de milho, explorando os campos e riachos circunvizinhos. Às vezes eu era confundida com um menino, de cabelo curto e moletom — e, quando não estava vagando, era encontrada praticando esportes com os garotos da vizinhança. Quando eu tentava jogar como quarterback, meus irmãos mais velhos chegavam à linha de frente, pegando quem tentasse chegar até mim. (Embora mais tarde eles tenham me dito: "Se quiser que um garoto goste de você, tem que deixá-lo ganhar quando estiverem mano a mano no basquete.")

Mamãe e papai saíram de Chicago para Normal pensando que uma comunidade pequena seria um ambiente melhor para criar os filhos. E, embora o cenário fosse ótimo nos primeiros anos, à medida que crescíamos, mamãe se preocupava cada vez mais com as oportunidades limitadas oferecidas pela cidade. Ela tinha grandes sonhos e achava que Normal nos restringiria.

Mais ou menos na mesma época em que mamãe começou a se preocupar com nosso futuro, minha primeira experiência de mudança de vida aconteceu: meus pais se divorciaram. Sozinha com quatro filhos, ela se viu obrigada a trabalhar como garçonete à noite para pagar as contas. Foram tempos difíceis; mas, felizmente, os pais da minha mãe se dispuseram a nos ajudar.

Meus avós se mudaram da Alemanha para os EUA na véspera da Grande Depressão. Sem falar inglês, tentaram encontrar qualquer trabalho disponível. Para meu avô, isso significou transportar pianos para apartamentos altos em prédios sem elevadores. Minha avó produzia cerveja em sua banheira para vender para os outros imigrantes alemães do bairro. (Eram anos de Lei Seca.) À medida que seu inglês melhorava, também cresciam as perspectivas de trabalho. Em sua primeira década nos EUA, eles se tornaram pequenos empresários, começando com uma atividade de limpeza de cortinas em Chicago, antes de se estabelecerem na cidade irmã de Normal, Bloomington, onde compraram e passaram a gerir um hotel perto da Main Street.

Foi nesse hotel que desenvolvi meu tino para os negócios. Mamãe trabalhava como garçonete à noite, o que deixava seus dias livres, então ela regularmente nos levava ao hotel para ajudar da maneira que pudéssemos. Meus irmãos jogavam carvão na fornalha, e minha irmã e eu anotávamos recados e fazíamos pequenas tarefas. Eu me senti a garota mais sortuda do mundo quando consegui me sentar atrás da grande recepção e fingir que estava no comando. Havia um grande expositor de vidro com doces e alguns itens básicos, e minha avó notou que os hóspedes estavam muito mais dispostos a comprar algo se eu estivesse atrás do balcão. Ela supôs que todos queriam ser legais com "a garotinha", então me incentivou a cumprimentar os hóspedes ou ficar a seu lado enquanto trabalhasse atrás do balcão.

Para mim, a destemida jornada de meus avós nos EUA e sua incansável ética profissional foram uma lição inicial de que é possível começar sem muitos recursos, contatos ou habilidades — incluindo a linguagem — e construir vidas valiosas. Além de sua colaboração para nossas vidas, eles foram líderes cívicos em nossa cidade e amplamente respeitados pelas muitas contribuições.

Contudo, cada vez mais minha mãe passou a acreditar que, para prosperar, teríamos que deixar a comodidade de Normal para trás. Então, com poucos recursos e quatro filhos para cuidar, ela decidiu se arriscar. Lembro-me do dia em que anunciou que estávamos nos mudando para Fort Lauderdale a milhares de quilômetros. Eu tinha 11 anos e escutei com receio sua descrição do quanto amaríamos aquele lugar. Não conhecíamos uma única pessoa lá. Mas mamãe tinha um otimismo contagiante e de alguma forma fez nossa mudança parecer uma grande aventura. Que, no fim das contas, acabou por ser.

Eu tinha frequentado a escola pública de Normal; mas, no dia em que fomos de carro até a escola de Pompano Beach, onde eu me matricularia, foi inevitável reparar no compensado que cobria as janelas, no grafite pintado nas paredes e nos policiais que patrulhavam os corredores. A falta de imposto de renda no estado da Flórida fazia com que os recursos destinados às escolas fossem insuficientes. Mamãe e eu demos apenas alguns passos pelo corredor antes de eu sentir meu braço sendo puxado. "Vamos", disse ela, me conduzindo de volta para a entrada. "Você merece mais do que isso."

Depois disso, os ventos sopraram a favor de mamãe. Visitamos uma escola católica local, mas não nos sentimos muito bem-vindas, talvez porque ela fosse uma mulher divorciada com quatro filhos. Depois de visitar outras escolas particulares da região, recebemos a notícia de que, graças à boa educação que recebi em Illinois, eu pularia de série e receberia uma bolsa de estudos para uma nova escola, fundada pela igreja presbiteriana local. Como estava no início, sem legado para proteger, poderia arriscar com uma criança como eu. Eu não poderia ter imaginado como essa escola seria a passagem para uma grande educação, que minha mãe nunca poderia ter me proporcionado, tudo graças à generosidade dos outros.

Na nova escola, me inspiraram e motivaram. Ainda me lembro da minha professora do sexto ano, a srta. Neal, que tinha 21 anos e inventava desculpas de atividades para fazer comigo depois da aula, o que mais tarde percebi ser sua maneira de cuidar de uma garota novata na cidade que tinha que esperar a mãe sair do trabalho. Até hoje ela continua sendo uma amiga muito querida.

Nos primeiros anos depois que nos mudamos para a área de Fort Lauderdale, passei os verões em Illinois com meus avós, ficando mais próxima deles a cada ano que passava. Quando mi-

DEIXANDO O NORMAL PARA TRÁS

nha avó faleceu, senti uma enorme perda, assim como o resto da família; mas nos reanimamos quando meu avô decidiu comprar uma casa próxima à nossa. No meu aniversário de 16 anos, optei por morar com ele, e essa experiência me levou a uma educação totalmente nova.

Todos os dias tomávamos café juntos antes da escola, e depois conversávamos sobre meu dia. Frequentemente caminhávamos pela rua até um canal em que pescávamos juntos. Apreciei o tempo que passei com meu avô, e ele me ensinou a ter uma disciplina que agradeço até hoje, incluindo seu hábito de bater à porta do meu quarto se eu não estivesse acordada às 7h — mesmo nos finais de semana ou em dias livres de férias. Com sua voz profunda e sotaque alemão, gritava alto do outro lado: "São sete da manhã! Você vai dormir o dia todo?" Sempre entendi que o que ele estava tentando de fato transmitir era o seguinte: "É um novo dia. Há muito a ser feito. Não desperdice isso." E, graças a ele, esse é o espírito que levei para minha vida.

Eu sonhava em me tornar advogada e, no ensino médio, tive a sorte de conseguir um estágio com o juiz E. Clay Shaw Jr., que logo se tornaria prefeito e depois membro do Congresso. A maior parte do trabalho era administrativa — arquivamento, digitação e afins. Mas aquelas tardes no gabinete do juiz Shaw foram meu primeiro contato com um ambiente verdadeiramente profissional: as pessoas vestiam ternos, usavam um vocabulário e se comportavam de uma maneira a que eu não fora exposta anteriormente. No final de cada semana, o juiz Shaw me chamava em seu escritório, pedia para que eu me sentasse em uma das duas cadeiras que ladeavam a lareira (uma visão rara no sul da Flórida) e me perguntava: em que estava trabalhando; o que aprendera naquela semana; como eram minhas notas e se eu era disciplinada. Ele estava me orientando, e toda sexta-feira, quando saía de seu escritório, eu prometia nunca o decepcionar.

Durante a graduação, fui voluntária na campanha de Shaw para o Congresso. Depois que foi eleito, em 1980, juntei-me a sua equipe como assistente enquanto cursava as aulas, à noite. Graças a essa experiência, ao me mudar para Washington, consegui um emprego como jovem política nomeada na administração Reagan. Meu irmão mais velho fez a viagem de 1.600km comigo, emprestando-me seu cartão de crédito da Sears assim que chegamos, para que eu comprasse ferro e tábua de passar. Até hoje falo com ele quase todas as manhãs. Mamãe não criou só uma família; éramos uma tribo, cuidando uns dos outros.

Minha carreira parecia estar em uma trajetória positiva, e não demorou muito para que eu fizesse meu caminho no setor privado. Era a ascensão da internet, e a startup que me contratara foi o primeiro serviço online exclusivo. Fiquei empolgada em trabalhar para democratizar o acesso a ideias, informações e comunicação — empoderando pessoas. Quando eu era jovem, mamãe passou quase dois anos parcelando uma enciclopédia para a família. Agora, todo o conhecimento contido naqueles vastos volumes era acessível com o clique de um botão. Fiquei emocionada ao pensar que meu papel no setor privado poderia contribuir mais para beneficiar os outros do que no público.

Em pouco tempo, assumi uma posição semelhante na General Electric; depois, aos 20 e tantos anos, juntei-me a outra nova startup que se tornaria a America Online (AOL), na qual eu passaria quase uma década, à medida que a AOL ajudava a promover a revolução da internet. O nome que escolhemos para o serviço refletiu nossa grande ideia: *colocar a América online*. No seu auge, a AOL realizava 50% do tráfego da internet do país. Foi uma experiência extremamente gratificante. Eu me senti incrivelmente sortuda por fazer parte de um dos maiores períodos de inovação que os EUA tinham visto.

DEIXANDO O NORMAL PARA TRÁS

Foi durante esses anos da AOL que acrescentei outro papel importante e estimado a minha vida — me tornei mãe. Minhas duas filhas mudaram para sempre o jeito como vejo o mundo. Mais tarde, foi uma benção expandir-nos para uma família que agregou mais três crianças à mistura! Logo percebi que o papel da mãe trabalhadora exigiria o próprio senso de garra na criação de filhos. O que eu não poderia prever era o quanto aprenderia com eles e que fonte de inspiração seriam em minha vida.

Sempre construí minha carreira e apliquei minhas habilidades em prol da capacitação dos outros. Sim, consegui mais do que esperava, mas ainda estava inquieta, querendo causar um impacto ainda maior. Então, em 1997, deixei a AOL, e Steve e eu cofundamos a Case Foundation. Eu me tornei CEO. Firmamos o compromisso de doar a maior parte da nossa riqueza para os outros, e, para mim, foi uma experiência que fechou um ciclo. Como antiga *beneficiária* de filantropia, que me lançou em um mundo de oportunidades, agora eu poderia ajudar a melhorar a vida dos outros.

Para mim, a Case Foundation não era apenas uma questão de compartilhar a riqueza. As fundações familiares são muitas vezes o desfecho de uma vida de sucesso, uma maneira de distribuir dinheiro para causas dignas. Mas nosso objetivo era que a Case Foundation funcionasse como um laboratório dinâmico para a mudança. Foi a missão mais ambiciosa da minha vida, e pude ver que tudo o que fiz antes ajudou a me preparar para o desafio.

Eu sabia que me tornar CEO da Case Foundation era o primeiro passo do empreendimento mais desafiador da minha vida — que me exigiria abraçar uma mentalidade destemida, e foi o que tentei fazer nos anos seguintes. Mais recentemente, depois de mais de uma década trabalhando em vários conselhos da National Geographic Society, tive o privilégio de ser nomeada a primeira presidente do Conselho de Administração.

Há muito tempo adoro essa organização, que tem transformado a vida das pessoas durante 130 anos com o poder da ciência, exploração e narração de histórias. Os homens e mulheres destemidos da National Geographic colocaram-se corajosamente na linha de frente do desconhecido, muitas vezes sob enorme risco, e compartilharam seus conhecimentos e experiências com o restante de nós. A National Geographic Society disponibiliza os recursos e a plataforma necessários para que as aventuras no desconhecido aconteçam. Como parte dessa notável organização, senti meu quociente de garra aumentar, e fiquei feliz em adotar o lema da exploradora Jane Goodall: "Todo indivíduo pode fazer a diferença todos os dias." Na verdade, se você olhar de perto para a National Geographic Society verá os cinco princípios para Não Ter Medo no trabalho diário de toda a empresa em todo o mundo.

Seja na Case Foundation, na National Geographic Society ou em qualquer outra iniciativa ou causa que mexa comigo, lembro-me constantemente do meu primeiro e mais corajoso exemplo. Mamãe faleceu há cerca de uma década, mas sua natureza generosa e determinação indomável continuam a me inspirar. Ela foi a pessoa que me ensinou a assumir riscos, ver possibilidades e ser boa para os outros. Ela não usava palavras rebuscadas como "filantropia", mas impactou todos de quem se aproximou. Neste livro, falo sobre fazer uma aposta alta. Percebi que *eu* era a aposta alta da minha mãe; ela dedicou sua vida a me ajudar a descobrir como encontrar propósito e sucesso. Com ela, aprendi que todos somos capazes de implementar ações grandiosas, mas, às vezes, é preciso deixar a comodidade do Normal para trás.

PARTE UM

APOSTE ALTO

Comece exatamente onde está

Seja audacioso

Supere as expectativas

Observe ao redor

Agora vá e faça sua Aposta Alta

UM

COMECE EXATAMENTE ONDE ESTÁ

Em uma tarde de 2005, inquieta, sentei-me na sala de espera do consultório da Dra. Barbara Van Dahlen. Eu chegara cedo para meu encontro com a amiga e conselheira familiar de coração gentil e excelente reputação. Minha curiosidade foi despertada quando a encontrei dias antes em um evento, e ela me perguntou se eu estava disposta a encontrá-la. "Tenho uma ideia e adoraria compartilhá-la com você e saber o que pensa." Então lá estava eu, imaginando o que ela queria me contar.

Logo a porta se abriu e Barbara me recebeu calorosamente em seu consultório. "Estou com um problema", começou ela. "E outros na minha profissão estão passando pela mesma situação." Toda semana ela recebia telefonemas de homens e mulheres nas forças armadas e suas famílias que solicitavam seus serviços de aconselhamento. Com a guerra contra o terrorismo no Afeganistão e no Iraque, cerca de 200 mil militares foram convocados e muitos serviram em várias missões. Barbara descreveu para mim a realidade traumática da vida nesses lugares. Esse trauma seguiu os soldados até suas casas: houve um surto de transtorno de estresse pós-traumático (TEPT). E o estresse devido as múltiplas viagens em serviço prejudicara consideravelmente muitas famílias. Infelizmente, ela me disse, o Departamento de Assuntos de

Veteranos estava sobrecarregado pelo escopo do problema, não conseguindo acompanhar a demanda por serviços de saúde mental, o que deixava muitos soldados e suas famílias sem os recursos de que precisavam.

Ela me disse que cuidara pessoalmente de algumas famílias e convencera outros colegas a fazer o mesmo. Conceder pelo menos uma hora por semana de terapia gratuita não era tão difícil para muitos dos médicos, e a maioria com quem conversou ficou feliz em fazer sua parte para ajudar aqueles nas linhas de frente.

"Então, eis a minha ideia", disse Barbara. "Quero fundar uma rede nacional de médicos e outros cuidadores que concordem em fornecer uma hora de serviço semanal. Se conseguirmos o suficiente para levar o projeto adiante, ajudaremos a diminuir a lacuna nos serviços de saúde mental para as famílias."

Refleti sobre sua proposta antes de enchê-la de perguntas sobre como criaria essa rede nacional, que tipo de apoio precisaria e quanto tempo seria necessário para viabilizar o projeto. Enfim, fiz a pergunta mais difícil: por que ela, sozinha e sem experiência em gestão organizacional, se achava apta a fazê-lo?

"Porque a necessidade é urgente, famílias estão sofrendo e sou apaixonada por solucionar problemas", respondeu sem hesitar. A Aposta Alta de Barbara era que seria capaz de criar uma ampla rede de médicos e cuidadores — com líderes dos setores militar, político e privado — para prestar assistência, e que o lema — "Give an Hour" [Doe uma Hora, em tradução livre] — apelaria a pessoas que queriam fazer a diferença, mas tinham tempo limitado. Comprei a ideia de Barbara e deixei seu consultório empolgada para ajudar. Não demorou muito para que a Give an Hour nascesse.

Nos anos seguintes, milhares de fornecedores em todo o país responderam ao seu chamado. Aproximadamente 250 mil horas foram doadas por sua rede de provedores de cuidados licenciados, o equivalente a quase US$25 milhões em serviços de aconselhamento — todos gratuitos. Em 2012, a revista *Time* nomeou Barbara entre as 100 Pessoas Mais Influentes do Mundo, e sua organização recebeu quatro estrelas, a mais alta classificação pela Charity Navigator, a maior avaliadora de instituições de caridade do país, superando os padrões do setor.

Barbara não parou por aí. Ela se tornou líder reconhecida em saúde mental, coordenando programas para reduzir o estigma e engajando grandes artistas para ajudar a difundir sua mensagem e construir um movimento ainda mais amplo. Um documentário sobre seu trabalho foi ao ar na PBS no final de 2017.

A história de Barbara é uma evidência notável do que um indivíduo pode fazer para mudar o mundo. Sem experiência em gestão organizacional, sem uma equipe para apoiá-la e sem os fundos e a rede que sabia que seriam necessários, fez uma Aposta Alta e deu um passo de cada vez. Ao começar, exatamente onde estava — prestando uma hora de serviço semanal —, mostrou aos outros que poderiam fazer o mesmo. Ela solicitou apenas o comprometimento mínimo, e a resposta entusiasmada foi a confirmação de que seu plano era válido.

O desafio de começar exatamente onde está é um grande nivelador. Na maioria das vezes, as pessoas não ouvem falar das Apostas Altas até que seus resultados sejam difundidos, comprovados e bem-sucedidos, pelo mundo. Mas, se soubéssemos como começaram, a simplicidade de suas origens nos surpreenderia. Isso deveria inspirar a maioria de nós que quer fazer a diferença, mas se sente frustrada pela falta de experiência ou recursos.

Isso também se aplica à inovação e à invenção. Nos EUA, consideramos um inovador aquele cara solitário trabalhando em uma garagem que tem um momento "eureca!". E, embora isso contribua para boas histórias, a verdade é que raramente as inovações surgem do nada. De tempos em tempos, elas surgem de pessoas que vivem com frustrações, que chegam a um ponto em que percebem: "Tem que haver uma maneira melhor." Então, começam a elaborar uma. Tomemos, por exemplo, ideias "inovadoras" como máquinas de lavar louça, dispositivos de segurança doméstica e limpadores de para-brisa — nenhum inventado por homens solitários em garagens. Na verdade, todos foram inventados por mulheres.

Um exemplo expressivo ocorreu há mais de 100 anos, quando uma empreendedora extremamente bem-sucedida fundou uma empresa, inspirada também por um problema que precisava ser resolvido. Aquela mulher era a Madame C.J. Walker, filha de escravos, que teve a coragem e a iniciativa de buscar seu sonho empreendedor e fazer a diferença, apesar das dificuldades extremas. A história de sua Aposta Alta é tão envolvente que, em 2018, a produtora de LeBron James anunciou o plano de criar uma série sobre ela, estrelada pela vencedora do Oscar Octavia Spencer.

Podemos imaginar o nível de desafio que Walker precisou superar durante os primeiros anos de vida. Sarah Breedlove nasceu em 1867, logo após a Guerra Civil, em uma fazenda agrícola no estado de Louisiana em que seus pais e irmãos haviam sido escravos. Embora fosse livre, sua juventude foi marcada por tragédias e lutas. Perdeu os pais aos sete anos de idade e foi morar com a irmã e o marido no Mississippi, que a contrataram como doméstica quando ela tinha apenas dez anos. Aos 14, casou-se para fugir do lar abusivo. Aos 17, já era mãe, e, aos 20, viúva. Trabalhava como lavadeira por US$1,50 por semana e havia poucos indícios de que

COMECE EXATAMENTE ONDE ESTÁ

sua vida teria uma virada tão drástica. Ela não viveu em um contexto como o atual, em que os sonhos empreendedores podem se tornar realidade. As oportunidades pareciam fora de alcance para uma mulher pobre e sem recursos. Mas, como ela disse mais tarde: *Comecei dando um começo a mim mesma.*

Como muitas Apostas Altas, o que motivou Breedlove foi um impulso para resolver um problema pessoal — seu cabelo estava caindo e ela não conseguia encontrar nenhum produto no mercado para tratar sua condição. Na época, a doença do couro cabeludo e subsequente calvície eram comuns entre as mulheres negras, em grande parte devido a produtos químicos usados na lavagem. Em vez de aceitar o sofrimento, ela começou a experimentar as próprias misturas caseiras, auxiliada por conselhos de seus irmãos barbeiros. Adotou um regime diário de lavagem do couro cabeludo com uma solução capilar que criou. Com o uso diário de sua nova fórmula, seu cabelo voltou a crescer e ela começou a pensar em maneiras de fazer com que sua fórmula ajudasse outras mulheres.

Quando Breedlove se casou com o jornalista Charles Joseph Walker, ficando conhecida como Madame C.J. Walker, ela levou "O Maravilhoso Acelerador de Crescimento Capilar de Madame Walker" e o "Modelo Walker" de porta em porta, ensinando mulheres sobre tratamento capilar e o uso de seu produto. Junto com o marido, viajou por todo o país para conquistar novos mercados para seu empreendimento de tratamento capilar em ascensão.

No processo, seu trabalho se tornou muito mais do que apenas vender um produto. Ao recrutar e treinar uma grande quantidade de mulheres negras jovens em todo o país como equipe de vendas — realização notável no início do século XX —, empoderou e gerou renda para mulheres com poucas oportunidades. Fundou a Madame C.J. Walker Hair Culturists Union, com contribuições de US$0,25 por mês, para oferecer oportunidades de negócios e educação, bem como seguro de vida e outros benefícios. Incentivou essa rede de jovens empreendedoras a praticar filantropia em suas comunidades e, em sua convenção anual que as reunia, dava um reconhecimento especial àquelas que foram mais generosas na tarefa.

"Não me satisfaço em ganhar dinheiro apenas para mim", disse. "Esforço-me para empregar centenas de mulheres da minha raça." Madame Walker viveu apenas até os 51 anos e, na última década de sua vida, tornou-se palestrante motivacional popular, milionária e filantropa. "Tive que ganhar a vida e criar minha própria oportunidade", disse ao público. "Mas eu consegui! Não fique sentado esperando que as oportunidades apareçam, levante e as crie." Madame Walker fez mais do que criar um produto. Ela diria que sua Aposta Alta foi a oportunidade que criou para os outros.

> *"Comecei dando um começo para mim mesma."*
> — MADAME C.J. WALKER

Às vezes, começar onde está significa já ter um núcleo de conhecimento e experiência, como fez Barbara Van Dahlen. Mas, às vezes, na atual era fragmentada, as Apostas Altas podem vir das pessoas que chegaram a suas invenções sem qualquer noção prévia nem experiência.

No final da década de 1990, Brian Chesky e Joe Gebbia, recém-formados pela Escola de Design de Rhode Island, foram para São Francisco, onde muitos jovens profissionais estavam se aglomerando na época. Porém, logo o alto custo de vida fez com

COMECE EXATAMENTE ONDE ESTÁ

que lutassem para pagar o aluguel. Eles sabiam que precisavam encontrar uma maneira de obter renda extra — e de forma rápida. Mais ou menos na mesma época, ouviram rumores de que uma grande conferência de design que chegara à cidade fez com que quase todos os quartos de hotéis próximos fossem reservados, deixando muitos turistas sem lugar para ficar.

E se, perguntaram a si mesmos, alugássemos um espaço em nosso apartamento? Criaram um site simples com fotos de seu loft e dos três colchões de ar que haviam comprado para "alugar". Aos locatários foi prometido café da manhã caseiro como parte do acordo. Não demorou muito para conseguirem a primeira reserva — um recém-formado da Universidade do Estado do Arizona estava desesperado por um lugar acessível. (Brian e Joe cobravam US$80 por colchão.) Logo outros dois participantes da conferência confirmaram suas reservas. Nascia o Airbnb.

O pequeno sucesso de seu empreendimento os motivou a levar a ideia adiante. Eles corajosamente começaram a procurar investidores — a maioria achava loucura a ideia de ficar na casa de um estranho. O momento também não era ideal. A iminente crise financeira estava diminuindo o interesse dos investidores por ideias não comprovadas.

Para sustentar a empreitada, Brian e Joe idealizaram uma inteligente mudança inspirada na parte do café da manhã do plano. Tentando se firmar em Denver, que sediou a Convenção Nacional Democrata de 2008, tiveram a ideia de usar as caixas de cereais para divulgar a convenção e gerar receita extra, o que repetiram na Convenção Republicana na cidade de Saint Paul, em Minnesota. Os cereais Obama O's e Cap'n McCain se tornaram um sucesso e geraram US$30 mil, uma renda muito necessária.

Em janeiro de 2009, o Airbnb foi aceito no competitivo programa de aceleração para startups da Y Combinator, acompanhado por um investimento de US$20 mil do cofundador da empresa, Paul Graham. Ele não ficou muito impressionado com a ideia de alguém pagar para dormir em um colchão de ar no chão de um estranho. Mas quando os dois jovens empreendedores estavam prestes a sair de sua primeira entrevista com ele, Joe deu a Graham uma caixa do Obama O's. "Uau", disse Graham. "Vocês são como baratas, simplesmente nunca vão morrer. Se vocês conseguem convencer as pessoas a pagar US$40 por uma caixa de cereal, provavelmente vão convencê-las a pagar para dormir em seus colchões de ar." O cereal fechou o acordo.

O Airbnb não contratou uma equipe grande nem investiu muito em marketing ou publicidade. Na verdade, Brian e Joe se perguntaram: *Como gastar pouco tempo e esforço em um experimento para testar a ideia?* Eles aprenderam a ficam atentos e a identificar oportunidades até que se estabelecessem.

> *"Uma das minhas principais vantagens era exatamente o pouco que sabia."*
> — BRIAN CHESKY

O processo de crescimento não ficou isento de problemas. Quando você apresenta um novo conceito, algumas pessoas tendem a rejeitá-lo. Houve muita coerção por parte do setor hoteleiro. Algumas comunidades e condomínios impediram que os proprietários alugassem seus espaços com o Airbnb, e as pessoas estavam preocupadas com estranhos que poderiam destruir suas casas.

COMECE EXATAMENTE ONDE ESTÁ

Porém, a ideia funcionou por influenciar algo que os viajantes procuravam. Não era apenas uma questão de preço, era a sensação de pertencimento, de ficar em um lugar mais acolhedor do que um quarto de hotel sem graça. Também proporcionava aos proprietários de imóveis que lidavam com impostos altos e pais cujos filhos saíram de casa uma maneira fácil de obter renda. Hoje, a empresa opera em mais de 80 mil cidades e 191 países. Mais de meio milhão de pessoas se hospedam diariamente em um dos mais de três milhões de imóveis anunciados no Airbnb.

• • •

Então, veja bem, qualquer um pode fazer uma Aposta Alta, e o começo muitas vezes vem com uma pergunta simples: "Por que não eu?" Imagine que você seja universitário (talvez *seja* mesmo, e não precise imaginar). Sua rotina é cheia de aulas e atividades, família e amigos. O que o obrigaria a assumir um projeto como acabar com a fome nos campi universitários?

É isso que Rachel Sumekh e Bryan Pezeshki, alunos da UCLA, fizeram. Sua ONG nacional, Swipe Out Hunger, começou em 2010 como uma iniciativa de base depois que Bryan notou uma chamada para doações de alimentos e perguntou a alguns amigos: "Quem quer ajudar?" Quando Rachel respondeu, ela ficou perturbada ao descobrir que era a única.

No dia seguinte, ela e Bryan passaram cinco horas transportando alimentos doados ao campus para distribuí-los aos estudantes carentes. O problema que decidiram resolver não era novidade, mas não recebeu a devida importância por anos. Embora não pensemos que alunos de campi universitários passem fome, minha experiência é prova disso. Embora tenha recebido ajuda financeira enquanto cursei a faculdade, não era suficiente para cobrir minha alimentação. Com a escassa quantia de dinheiro que ganhava sendo destinada a livros e outros custos extras, não cobertos pelo financiamento estudantil, com frequência eu tinha que pular refeições porque simplesmente não podia pagar. Eu era afortunada, pois os amigos da família que moravam nas proximidades me convidavam para jantar constantemente e muitas vezes me davam as sobras para o almoço do dia seguinte. (Fico emocionada ao refletir sobre isso — tive muita sorte de ter tantos amigos em minha vida, cuja generosidade e carinho foram transformadores em grandes e pequenas proporções.)

Hoje, estima-se que um a cada sete universitários norte-americanos tenha dificuldade para manter as refeições em dia e precisa de um banco de alimentos. Em alguns estados, esse número sobe para um a cada quatro. É aí que o Swipe Out Hunger entra. A iniciativa de Rachel e Bryan começou com um cartaz, embalagens para viagem e motivação para que os colegas arrecadassem doações. Mas não demorou muito para que se deparassem com a gerência do refeitório, que se sentia ameaçada pelo que consideravam competição. Um gerente até esmagou as embalagens de Rachel e gritou: "Tire essa porcaria de programa do meu campus."

Ficou claro que o Swipe Out Hunger precisava de outra saída. Foi aí que Rachel e Bryan voltaram suas atenções para o plano de refeições universitário. Em muitas universidades, é fácil para os pais que têm dinheiro carregar o vale-alimentação dos filhos todo mês de setembro, que os alunos podem usar a cada vez que consomem uma refeição no campus. Não é raro terminar o ano letivo ainda com crédito no cartão, e a maioria das faculdades não permite que esse saldo seja transferido para o ano seguinte.

Créditos do vale-alimentação não utilizados podem chegar a milhares de dólares em universidades maiores. E se, perguntou-se Rachel, os alunos pudessem "extrair" esses créditos e usá-los para beneficiar estudantes necessitados? Foi uma ideia brilhante — e muito simples — que deveria ter sido amplamente adotada.

Porém, diante da perda de tanto lucro, a UCLA não facilitou. Como Rachel disse mais tarde: "Nós nos sentimos como crianças quebrando as regras." No entanto, os fundadores do projeto persistiram, e em 2012 o Swipe Out Hunger foi tão aclamado que seus esforços foram reconhecidos pela Casa Branca, que nomeou os líderes estudantis como Campeões da Diferença. O próprio Barack Obama, então presidente, parabenizou os 15 estudantes, que saíram da Califórnia para receber a honra.

Após a formatura, os alunos seguiram caminhos diferentes e Rachel, seu trabalho social. Mas, em pouco tempo, a equipe do Swipe Out Hunger, que sempre foi composta por voluntários, decidiu que precisava de um chefe em tempo integral para administrar a crescente organização sem fins lucrativos. Rachel sugeriu que deveria ser ela. "Você é legal demais para ser líder", disse um homem. Mas Rachel não levou o comentário a sério. Hoje, sob sua liderança, o programa alcança 30 campi em todo o país, construído segundo um modelo de franquia que permite aos líderes estudantis ter um forte senso de propriedade.

O programa já entregou mais de 1,3 milhão de refeições para alunos necessitados e agora conta com despensas, incluindo uma na UCLA em que o aluno entra e pega o que é necessário, sem estigma algum. Em junho de 2017, o governador da Califórnia assinou uma lei para incentivar as universidades de todo o estado a adotar o programa, aprovando um orçamento de US$7,5 milhões para avançar em direção ao "campi sem fome".

Os alunos costumam enviar recados a Rachel expressando gratidão. Uma jovem disse que não teria se matriculado na faculdade se o programa não estivesse disponível, pois, como muitos alunos, recebia ajuda financeira, mas não tinha como pagar pela alimentação. Rachel gosta de enfatizar que o custo de uma refeição é pequeno, mas o custo para a sociedade de alguém abandonar os estudos ou não se matricular é enorme. "Os estudantes universitários têm muitas inseguranças", lembra às pessoas. "Alimentação não deveria ser uma delas."

Assim como Rachel Sumekh, Shazi Visram, filha de imigrantes paquistaneses e tanzanianos, teve a ideia de uma marca saudável de alimentos para bebês quando era aluna de MBA na Universidade Columbia. Ela não era mãe à época, mas ficou comovida com a história de uma colega de classe, trabalhadora e mãe de dois filhos, que se queixava da falta de opções de comida para bebês: ela não tinha tempo de preparar a comida e queria encontrar opções saudáveis. Shazi, que admite ter uma confiança plena, instigada por seus pais, decidiu resolver o problema. Estudou o mercado, entrevistou seus amigos que eram pais e ficou surpresa ao descobrir que o mercado de alimentos para bebês permaneceu estagnado por décadas, embora a população estivesse cada vez mais interessada em alimentos orgânicos com ingredientes saudáveis. Então, resolveu que essa seria sua Aposta Alta.

Encontrar investidores foi a parte mais difícil — ela ainda era estudante. Mas, com um investimento inicial de US$20 mil de sua mãe, ela arrecadou meio milhão de dólares, o suficiente para, em 2006, lançar sua empresa de alimentos, a Happy Family. Houve alguns empecilhos ao longo do caminho. Inicialmente, o produto era congelado, mas ela descobriu que as pessoas não procuravam comida para bebês na seção de alimentos congelados do supermercado. Então, mudou de rumo em 2009, ao adotar embalagens que poderiam ser colocadas em prateleiras nas seções de comida para bebês. Foi então que o produto rapidamente decolou.

Essa é a versão resumida da história de Shazi. Nos bastidores, houve anos de pesquisa, testes e busca por investidores. Ela não tinha muitos recursos nem conexões familiares, portanto, buscar investidores foi seu maior desafio durante os primeiros anos.

No começo, a maioria dos investidores que precisava convencer eram homens, não exatamente o público ideal para um produto que beneficia mães. Porém, acabou encontrando a resposta em uma nova classe de investidores de impacto — fenômeno que discutiremos mais adiante. Esses investidores não só se atraíram pelo iminente sucesso da empresa de Shazi, mas também pela oportunidade de beneficiar a saúde das crianças.

Em 2013, Shazi vendeu sua empresa para a Danone, uma multinacional com sede em Paris comprometida com produtos que promovem a saúde. Seus primeiros investidores receberam um retorno 30 vezes maior. Ela continua CEO, mas também se tornou investidora em outras empresas que procuram fazer o bem. Sua principal missão é fazer tudo o que puder para promover a saúde e o bem-estar de bebês e crianças pequenas. A urgência aumentou depois que se tornou mãe. Quando o filho de Shazi foi diagnosticado com autismo, seu trabalho e vida pessoal convergiram. Hoje, sua missão foca a saúde de toda a família, com produtos para crianças mais velhas e gestantes.

Sua perspectiva é simples: fomentar projetos que mudem o mundo para melhor. E embora a Happy Family seja muito lucrativa, ela afirmaria: "Bebês acima dos lucros."

• • •

Começar exatamente onde está deve ser o mantra de todo visionário. E isso sempre me lembra de uma lição que aprendi com Jen, uma treinadora esportiva com quem trabalhei em um verão para superar meus limites físicos. Jen é jovem e incrivelmente atlética. Ela ganhou muitos triatlos e me inspirou (e até intimidou) no verão em que treinamos juntas. Eu praticava boxe para conseguir minha faixa preta em Tae Kwon Do, mas nunca havia participado de uma corrida ou de grandes distâncias em montanhas. Mas naquele verão eu estava hospedada em uma fazenda nas colinas da Virgínia, cercada por estradas rurais muito sinuosas. Ao final do verão, eu esperava percorrer os quase cinco quilômetros de estradas. Para a maioria dos corredores, essa não é uma distância significativa, mas eu nunca havia corrido nem subido e descido morros.

O primeiro conselho de Jen foi: "Divida a tarefa em partes." Ela me disse: "Foque os três passos a sua frente, porque, se focar o quilômetro que falta, dirá a si mesma: 'Nunca vou conseguir.' Mas você sempre pode dar mais três passos." E ela estava certa. Quase sempre, os três passos estendiam-se para a próxima caixa de correio e depois para a próxima curva — sempre um pouco mais à frente do que antes. Ao final do verão, eu passei dos poucos minutos correndo para os cinco quilômetros de colinas.

A sabedoria presente na abordagem de "dividir em partes" também se aplica às Apostas Altas. Como tudo na vida, grandes conquistas geralmente começam com pequenos passos: caminhe devagar e você realizará grandes feitos. Logo, convido você a pensar em como dividir feitos "impossíveis" em partes.

Jen me ensinou outra lição válida em direção à mentalidade destemida: certo dia, no meio do treinamento, eu estava com muita dificuldade. Percebi que, em certos dias, eu sentia que poderia voar, e em outros, cada passo era uma luta. "Também é assim para mim, mesmo depois de vencer o triatlo", disse Jen. "Alguns dias são difíceis, outros são fáceis. Mas você deve continuar sempre." Aceitei isso como um desafio para a vida de forma mais ampla: alguns dias são mais difíceis do que outros para continuar na luta, buscar reservas internas e seguir em direção ao objetivo. O segredo é se lembrar de que o amanhã será mais fácil.

Sempre pensei em como Apostas Altas que mudam o mundo começam como Apostas Altas na vida pessoal. Vendo minha mãe batalhar para sustentar nossa família, entendi bem jovem o quão desafiador era. Alguns dias eu via minha mãe apenas depois de chegar da escola, quando ela saía para o turno da noite.

Então, fiz uma Aposta Alta cedo na vida: buscaria segurança financeira, me permitindo flexibilidade no trabalho, assim que começasse uma família. Com todas as decisões fundamentadas nessa ideia principal, não foi tão difícil pedir um aumento, pois eu tinha um objetivo bem definido.

Comprometi-me desde cedo a usar meu tempo e talento para empoderar os outros também, pois ter sido uma criança com bolsa integral em uma escola particular abriu meus olhos para as diferenças de oportunidades que a vida oferece. Inicialmente, pensei em trabalhar como advogada no setor público. Mas, curiosamente, a estrada sinuosa da vida levou-me a uma carreira no setor privado em tecnologia, em que tive o privilégio de ajudar a capacitar milhões de pessoas através da revolução digital e da internet. Isso, por sua vez, me deu os recursos para construir uma fundação que hoje investe em pessoas e ideias que podem mudar o mundo. Não tenho certeza se arriscaria deixar o setor público pelo privado se não tivesse a convicção de que me concentraria em meu grande objetivo de ajudar os outros, independentemente do que acontecesse.

Você tem uma Aposta Alta ou uma grande ideia que grita dentro de você? Como seria começar exatamente onde está e levar a própria Aposta Alta adiante? Cada uma das histórias neste capítulo demonstra que para apostar alto não é necessário um grande orçamento, experiência ou apoio de uma grande empresa ou organização. O necessário é a capacidade de avaliar o que você tem e como aproveitar para alavancar sua ideia. Apenas comece.

DOIS

SEJA AUDACIOSO

Eu era jovem demais para lembrar-me do dia em que o então presidente John F. Kennedy anunciou que os EUA mandariam homens à Lua, mas lembro-me de ter crescido em um mundo em que esse *moonshot* foi muito comentado — bem como as memoráveis palavras de Kennedy, que afirmava tomar essas decisões "não porque fossem fáceis, mas porque eram difíceis". Embora o termo "moonshot", que antes significava apenas algo como "viagem à Lua", hoje signifique qualquer iniciativa grande e corajosa, fico imaginando se, em 1961, entendemos o quão audaciosa a Aposta Alta de Kennedy foi.

Pousar na Lua foi uma conquista ousada. Os estadunidenses estavam mal equipados para sequer imaginar tal façanha. Na época em que Kennedy declarou seu compromisso, não tínhamos os materiais necessários para construir os foguetes, muito menos a tecnologia e os componentes essenciais para uma espaçonave que pudesse chegar à Lua. Não tínhamos a capacidade de reduzir o tamanho dos sistemas necessários para caber em um espaço tão limitado, nem as comunicações avançadas para manter contato no espaço. Nós nem tínhamos o conhecimento de matemática e física para nos dizer como levar uma nave espacial e trazê-la de volta. Mas, como Kennedy falou: "Decidimos ir à Lua nesta década." *Decidimos*. E nós fomos.

Nem sempre compreendemos o quanto alguns benefícios de que desfrutamos atualmente são resultado direto desse desafio. Isso inclui comunicações via satélite, sistemas climáticos globais, plásticos que suportam ambientes hostis, a miniaturização da tecnologia (os computadores nos anos 1960 eram grandes demais para caber em uma espaçonave) e até mesmo as fórmulas matemáticas necessárias para projetar as trajetórias de um foguete. Kennedy não recebe muito crédito quando usamos nossos iPhones, usamos o GPS, verificamos o clima ou enviamos um e-mail, mas essas inovações devem muito à sua Aposta Alta.

O que gosto de enfatizar a respeito do moonshot de Kennedy é sua audácia. Apostas Altas são o motor de inúmeras outras inovações. Elas influenciam culturas, fatores geográficos, ideologias ou sistemas políticos. A evidência é clara: para tornar o mundo melhor, temos que correr riscos maiores e apostar mais alto.

Como a maioria das pessoas que acompanharam o moonshot, o evento em 20 de julho de 1969 tem significado especial para mim. Até hoje, ainda é uma de minhas lembranças mais queridas. Eu era uma garotinha, e quando minha mãe me acordou para dizer que o momento havia chegado, eu sai da cama correndo para me juntar ao resto da família em frente à TV iluminada da nossa sala de estar. A imagem na tela era a do famoso âncora Walter Cronkite. Então aconteceu — uma imagem embaçada em preto e branco do astronauta Neil Armstrong descendo a escada da nave para colocar o primeiro pé humano na Lua. Era como se nossa nação e as pessoas do mundo inteiro dessem um suspiro coletivo. Quando a bandeira estadunidense foi fincada na superfície da Lua, nossa família comemorou veementemente. Era a história sendo escrita. Mesmo naquela tenra idade, senti o destemor da expedição.

SEJA AUDACIOSO

Nos dias que se seguiram, ganhei uma lancheira de astronauta, que orgulhosamente exibi no refeitório. Eu queria ser exatamente como aqueles homens corajosos que foram onde ninguém mais estivera. A influência na cultura pop e nos produtos de consumo — e a inspiração que representavam — estava em toda parte. Minha própria lancheira estava cheia de novos "alimentos espaciais", como o Space Food Sticks e o Tang — o mesmo suco de laranja em pó que os astronautas bebiam no espaço!

Assim como eu, inúmeros jovens foram motivados pela realização do sonho ousado de John Kennedy. Reconhecendo essa audácia, vimos que poderíamos ser audaciosos também. Imagine fazer algo que pudesse inspirar os jovens atualmente.

> *"Lembre-se de olhar para as estrelas, e não para seus pés."*
> — STEPHEN HAWKING

Poucas empresas modernas incorporam essa ideia como o Google X (hoje, simplesmente X), o autodeclarado "produtor de moonshots" lançado em 2010. É um lugar de inventividade quase ilimitada, descrito por Derek Thompson na revista *Atlantic* como "um think-tank com os instintos de uma trupe de improvisação". Mas é muito mais que isso.

O líder desse empreendimento é Astro Teller, cujo primeiro nome parece uma profecia. (Na verdade, seu nome era Eric.) Acrescente ao nome uma notável linhagem — seus dois avôs foram Gérard Debreu, economista ganhador do Prêmio Nobel, e Edward Teller, conhecido como o "pai da bomba de hidrogênio" por sua extraordinária contribuição em física nuclear e molecular — e títulos acadêmicos de elite, e é provável que você se sinta um tanto admirado por estar sentado ao lado dele no jantar, assim como eu estava durante uma conferência quando nos conhecemos. Mas o encantador inovador barbado, líder do X, surpreendeu-me com sua receptividade. Ele encoraja uma "baixa submissão à autoridade", disse-me, e, enquanto seus objetivos forem estratosféricos, seu estilo se manterá acessível e exuberante.

O X trabalha baseado em três aspectos fundamentais: (1) encontra um problema gigantesco que afeta milhões ou até bilhões de pessoas, (2) propõe uma solução radical, (3) acredita que a tecnologia necessária para tal solução é possível.

O X dedica-se a misturar as áreas. "Você encontra um engenheiro aeroespacial trabalhando ao lado de um designer de moda e de um ex-comandante de operações militares fazendo um brainstorming com especialistas em laser", disse Astro em uma conferência TED. "Esses inventores, engenheiros e fabricantes idealizam tecnologias que, esperamos, possam tornar o mundo um lugar maravilhoso." Um dos princípios básicos de Astro é criar um ambiente de descoberta que parta das paixões das pessoas "em vez de colocá-las em um lugar que já existe e certificar-se de que não ultrapassem os limites".

Muitos dos projetos do X são secretos, mas entre os mais conhecidos está o Project Loon, cujo objetivo era difundir a internet comunitária por meio de roteadores instalados em balões. Astro o chama de o projeto "mais louco", apesar de ter sido implementado com sucesso em Porto Rico em 2017, após o furacão Maria.

O método X é trabalhar em um projeto até que ele fracasse ou "se desenvolva" para se tornar um negócio independente do Google. Uma das empresas desenvolvidas do X é a Waymo, que evoluiu a partir do projeto de carro autônomo do Google. Voltaremos ao X posteriormente para explorar seu modelo notável que gera resultados a partir do fracasso. Mas basta dizer que, à medida que as Apostas Altas são lançadas, o X inova todos os dias.

• • •

Pode-se dizer que a própria independência dos EUA foi uma Aposta Alta: a ideia destemida de que o controle seria arrancado do país mais poderoso do mundo por um exército heterogêneo de cidadãos, e que a rebelião desse povo formaria uma nova nação baseada em princípios de liberdade, igualdade, paz e prosperidade. Teria sido fácil para os fundadores continuar a negociar suas queixas individuais com os britânicos como apenas outra colônia em busca de concessões incrementais. Em vez disso, eles escolheram iniciar uma revolução que honrasse suas convicções e criasse uma nova forma de governo.

Esta é a filosofia de uma Aposta Alta: não se trata apenas de desenvolver um produto, mas de desbravar novos territórios. É por isso que, quando um inovador como Elon Musk fala sobre a SpaceX, reconhece as muitas iniciativas incrementais da empresa, mas nunca deixa de lembrar ao mundo que está em uma missão para enviar seres humanos a Marte — e que pretende fazê-lo até 2030.

Seu objetivo com a SpaceX e a Tesla é "redefinir a forma como viajamos na Terra e no espaço". Esta é a essência de uma Aposta Alta: uma meta audaz e unificadora que inspira e une as pessoas. E, quando a SpaceX lançou seu foguete, em janeiro de 2018, o primeiro grande teste do sonho "louco" de Elon obteve êxito.

Muitos pensam que Elon cometerá um deslize, ficará sem dinheiro ou não atingirá sua meta, e há muitas perguntas e críticas compreensíveis sobre seus métodos, sua impetuosidade e a maneira como trata os críticos. Mas, apesar dessas questões, há lições a serem aprendidas com Elon e a maneira como identifica e aplica as lições do fracasso em busca de seus ideais.

Vivemos em tempos audaciosos. E é emocionante ver o quanto isso se deve aos jovens. O que reforça essa ideia é que eles sabem fazer barulho: sabem como ser disruptivos. Mas é impressionante ver que também sabem organizar e promover suas causas. Pense no movimento Parkland, #NeverAgain, que rompeu a trajetória típica resultante de uma tragédia de violência armada — breves indignações nacionais, e, em poucas semanas, tudo de volta ao normal.

Ao enfrentar a Associação Nacional de Rifles (NRA, na sigla em inglês) nas mídias sociais e ao fazer uma enorme Marcha sobre Washington, os líderes estudantis que surgiram depois de 14 de fevereiro de 2018, após o massacre na Marjory Stoneman Douglas High School, em Parkland, na Flórida, exigiram verificações mundiais de antecedentes criminais, o aumento da idade mínima para compra de armas para 21 anos e a proibição de armas de assalto. Eles também prometeram se opor a autoridades eleitas que receberam doações da NRA. Seus esforços foram considerados quando Rick Scott, governador conservador da Flórida, sancionou a proibição de armas automáticas — uma mudança histórica que só poderia ter sido alcançada por pessoas com uma Aposta Alta em mente.

> *"Não tenho medo... Nasci para fazer isso."*
> — Joana d'Arc

SEJA AUDACIOSO

O caso Parkland não foi a primeira vez que vimos alunos entrarem na briga. Na verdade, a geração emergente de líderes nos inspira continuamente. Após promover uma competição nacional, a Case Foundation recebeu um texto de uma jovem chamada Jordyn Schara, que dizia: "Tenho garra porque, aos 14 anos, quando nosso governo se recusou a agir, criei minha própria organização 501(c)(3) sem fins lucrativos para iniciar um projeto de serviço comunitário que estabelecesse programas de coleta de medicamentos 24 horas por dia, sete dias por semana."

A ideia de Jordyn surgiu depois de ter descoberto que mais de 2,1 milhões de jovens entre 12 e 17 anos usava remédios prescritos. Ela queria fornecer um meio para que esses medicamentos fossem retirados das ruas e eliminados de maneira segura e ecológica. Por isso, montou contêineres de coleta nas delegacias de polícia locais de Wisconsan, distribuiu panfletos e deu palestras para conscientizar a população.

Não foi fácil para uma menina chamar a atenção das pessoas que poderiam apoiá-la para que concretizasse sua ideia. Quando soube que uma verba estadual estava disponível para ajudar as comunidades a iniciar programas de coleta de medicamentos, perguntou ao responsável pelos subsídios da cidade se ele se candidataria. Ele recusou. Implacável, ela encaminhou seu pedido a uma comunidade próxima, e, apesar de concordarem em solicitar o subsídio, disseram que não dividiriam o dinheiro. Então Jordyn, com 14 anos, decidiu candidatar-se. Ela ficou chocada quando ganhou o subsídio; mas, em seguida, fez algo ainda mais surpreendente: disse às duas cidades que a rejeitaram que ia dividir o dinheiro com elas.

Em seus primeiros quatro anos, o programa de eliminação de medicamentos de Jordyn, intitulado Wisconsin Prescription Pill and Drug Disposal (WIP2D2), coletou mais de 270 mil quilos de remédios prescritos. Desde sua fundação, em 2008, o projeto deu origem a 11 programas de coleta de medicamentos e ajudou a manter mais de 680 mil quilos de remédios controlados longe de crianças e adolescentes. Jordyn foi vencedora do desafio Finding Fearless de 2012 da Case Foundation e, desde então, se formou em jornalismo de radiodifusão e estudos sobre gênero e mulheres na Universidade de Wisconsin-Madison.

• • •

Se eu lhe disser que alguém pode mudar o mundo com uma panificadora/browneria, você duvidará, mas isso porque não conhece o agente de mudança que fundou a Greyston Bakery. Bernie Glassman era um famoso budista norte-americano e ativista social que buscava formas de deter o ciclo da pobreza em sua comunidade. Assim, em 1982, fundou a Greyston Bakery, em Yonkers, Nova York, gerando empregos que não exigiam formação, experiência nem sequer uma ficha limpa, a fim de ajudar os desabrigados e usuários de drogas. Em 36 anos, o empreendimento que começou de maneira modesta tornou-se uma fabricante mundial, produzindo toneladas (literalmente!) de brownies e biscoitos para empresas como Ben & Jerry's, Whole Foods e Delta Airlines.

Até hoje, Greyston implementa a contratação aberta: qualquer pessoa de qualquer lugar pode colocar seu nome em uma lista, e quando uma vaga surge, as contratações são feitas de acordo com quem se inscreveu primeiro. Como diz o CEO e presidente da Greyston, Mike Brady: "Não contratamos pessoas para fazer brownies, fazemos brownies para contratar pessoas."

A Greyston expandiu suas operações para se tornar líder comunitária, implementando grandes programas de extensão, incluindo um programa de desenvolvimento da força de trabalho,

Greyston Community Gardens, e lançou propostas para ensinar outras empresas a incorporar a contratação aberta em suas práticas. A história da Greyston Bakery lembra-nos de que Apostas Altas podem começar das maneiras mais doces e inesperadas.

É a partir desse tipo de pensamento que as mudanças acontecem nos EUA e no mundo.

• • •

"Se o Chile pode fazer, você também pode!" Essas foram as palavras de Michelle Bachelet, ex-presidente do Chile, ao receber o National Geographic Planetary Leadership Award na cidade de Washington, D.C., em junho de 2018. Na noite anterior, como presidente da National Geographic Society, eu recebera Bachelet para o jantar. Ela foi presidente do país de 2006 a 2010 e de 2014 a 2018. Devido a impossibilidade de reeleição no Chile, os mandatos não foram consecutivos. Quando foi eleita pela segunda vez, conquistou impressionantes 62% dos votos. Mas nem sempre foi óbvio que sua vida a levaria a tal influência e realização.

Bachelet era filha de um respeitado oficial militar. Depois de um golpe de estado do general Augusto Pinochet em 1973, o pai de Bachelet foi preso e torturado por trabalhar para o então presidente Salvador Allende, morrendo na prisão depois de um ano. Bachelet e sua mãe foram detidas, ameaçadas e exiladas.

Anos depois, quando finalmente recebeu permissão para retornar à sua terra natal, Bachelet atuou como ativista incansável pelo retorno da democracia chilena, enquanto estudou para se tornar cirurgiã. Isso fez com que se tornasse ministra da Saúde e, posteriormente, ministra da Defesa Nacional, antes de ser eleita para o cargo mais alto do país.

Bachelet compilou uma impressionante biografia de contribuições para sua nação, muitas vezes contra grandes dificuldades. Mas a contribuição que lhe rendeu uma homenagem pela National Geographic Society também foi um presente para o planeta.

Sob sua liderança presidencial, cinco parques nacionais foram criados, expandindo a rede de parques do Chile para mais de quatro milhões de hectares — incluindo uma iniciativa extraordinária liderada por Kristine Tompkins, que, junto com seu falecido marido, Doug Tompkins, preservou e entregou pouco mais de 400 mil hectares de terra para o Chile. Em março de 2018, inspirada pelo trabalho da iniciativa Pristine Seas da National Geographic, Bachelet criou nove reservas marinhas para proteger a biodiversidade, aumentando as áreas marinhas protegidas de 4,2% da superfície do mar quando assumiu o poder para 42,4% ao sair, representando mais de 1.300.000km^2 de vida marinha protegida.

Quando questionada sobre sua liderança, que serve de modelo para a preservação, Bachelet disse: "Nós provamos que não é necessário ser um país rico para promover uma agenda ambiental que faça a diferença."

A natureza das Apostas Altas é a audácia. Se já teve uma ideia que queria levar adiante, mas uma voz dentro de você disse: "Nunca vou *conseguir*", repense. Grandes ideias se concretizam aos poucos. O que muitas vezes parece impossível no início torna-se mais tangível a cada nova ação rumo a seu objetivo.

TRÊS

SUPERE AS EXPECTATIVAS

Há uma foto muito especial na parede de entrada do meu escritório. É uma foto de Eunice Kennedy Shriver, uma senhora de 80 anos, fundadora da Special Olympics, em uma piscina com alguns dos atletas. Ela parece alegre. Na parte inferior, ela escreveu o seguinte: "Jean, quero você na piscina comigo no próximo verão!" Infelizmente, antes que o verão chegasse, Eunice faleceu.

Nunca tive a chance de nadar com Eunice, mas tive a sorte de conhecê-la e desenvolver uma grande afeição por essa mulher que foi uma grande líder em seus últimos anos, e que fez uma parceria com a Case Foundation para auxiliar a expansão internacional da Special Olympics.

O trabalho de Eunice me inspirou a ir mais longe, ter objetivos maiores, assumir riscos e nunca esquecer os mais vulneráveis — enxergar a promessa e as possibilidades em todos. "Entre na piscina comigo" é um convite que frequentemente me lembra de pular na piscina da vida e fazer a diferença.

Para entender Eunice, é necessário conhecer sua história. Era um dia de verão quente e úmido em Chicago, no ano de 1968, quando Eunice convocou os primeiros Special Olympics Games.

Apenas sete semanas antes, seu irmão mais novo, o senador Robert Kennedy, fora assassinado, uma grande perda após as trágicas mortes prematuras de outros três irmãos, incluindo John Kennedy. Sua missão em Chicago naquele dia foi inspirada por sua irmã Rosemary, que nascera com uma deficiência intelectual. Quando crianças, Eunice e Rosemary praticavam esportes juntas e eram muito próximas. Eunice assumiu a missão de capacitar pessoas com deficiência para o esporte.

Começando como um programa de verão chamado Camp Shriver em seu quintal, em 1968, o movimento de Eunice se expandira pelos EUA e pelo Canadá. Eunice estava apaixonadamente focada em uma Aposta Alta: mudar o mundo através do esporte — o que a levou a Chicago naquele verão. Lá, enquanto o sol iluminava os milhares de atletas reunidos no Soldier Field, Eunice recitou o juramento do atleta da Special Olympics:

Permita que eu dispute; mas, se eu não puder,
permita que eu tenha coragem para tentar.

Naquele dia, Eunice anunciou audaciosamente acreditar que, um dia, um milhão de pessoas com deficiências intelectuais competiriam, o que parecia um objetivo audacioso em 1968. Quem poderia prever que, décadas depois, esse número aumentaria para mais de cinco milhões de atletas, erroneamente rotulados como incapazes, participando de competições anuais em 170 países ao redor do mundo?

O sonho de Eunice era promover dignidade para todos e, ao longo dos anos, a missão da Special Olympics expandiu-se para incluir um conjunto de atividades para mudar atitudes e trazer recursos, como educação, assistência médica e perspectivas de emprego para os intelectualmente comprometidos. É amplamen-

SUPERE AS EXPECTATIVAS

te reconhecido que a oportunidade e os direitos humanos básicos foram transformados por causa do movimento iniciado no quintal de Eunice. O que começou como um projeto para atender a algumas crianças necessitadas transformou para sempre a forma como as sociedades consideram as pessoas com deficiência.

Uma dentre esses atletas foi Loretta Claiborne, uma das sete crianças nascidas de uma mãe que recebia auxílio do governo para famílias de baixa renda. Os médicos disseram a ela que Loretta não viveria muito e recomendaram que fosse internada devido a suas graves deficiências intelectuais. Mas sua mãe não faria nada disso. Ela levou a filha para casa e a defendeu incansavelmente, sempre à procura de oportunidades. Uma delas, a Special Olympics, mudou a vida de Loretta — e, consequentemente, as vidas de muitos outros.

Hoje, Loretta é reconhecida como corredora de classe mundial e oradora motivacional talentosa que, por acaso, tem uma deficiência intelectual. Correu 26 maratonas (seu melhor tempo é 3h03min), possui faixa preta em caratê 4º dan, é fluente em cinco idiomas (incluindo a língua de sinais), recebeu dois títulos de doutorado honorário, foi tema de um filme da Disney chamado *A História de Loretta Claiborne,* apareceu duas vezes no programa *Oprah* e discursou na frente de presidentes e do congresso em diversas ocasiões. "Achava que, se minha história pudesse mudar a opinião de uma pessoa sobre outra, ou, principalmente, a de uma criança sobre outra, o certo a fazer era difundi-la", disse Loretta.

Loretta fica perfeitamente à vontade discursando para presidentes e o congresso. Certa vez, em um evento no Salão Leste da Casa Branca, cheio de dignitários, ela discursou antes de mim. Suas palavras foram tão poderosas que fiquei desanimada em prosseguir. Ela é única em sua capacidade de inspirar.

Graças ao próprio destemor, e a amigos como Eunice Shriver, Loretta e outros atletas foram capazes de superar as suposições que deixam muitos deficientes de lado. Mas todos os atletas da Special Olympics que alcançaram a excelência física tiveram primeiro que rejeitar as dúvidas que haviam sido plantadas na própria mente. Fazer uma Aposta Alta às vezes começa com a mudança na forma como as pessoas — e frequentemente você mesmo — pensam sobre o quanto alguém pode fazer a diferença.

> *"A maneira mais eficaz de fazer algo é simplesmente fazer."*
> — AMELIA EARHART

Quanto a Eunice, se você visitar a cidade de Washington, D.C., e passar pela Casa Branca, não se surpreenda ao se deparar com um grande medalhão na calçada em reconhecimento a suas extraordinárias contribuições. A passarela Points of Light Monument é conhecida como "Extra Mile" em Washington, honrando ações e compromissos que transformaram os EUA e o mundo. A Case Foundation considerou uma honra dedicar esse tributo a Eunice, um verdadeiro modelo do espírito e das ações que motivam a mentalidade destemida.

• • •

Sempre que vejo o oceano me lembro de um herói, meu amigo e explorador residente da National Geographic, Enric Sala. Ainda me lembro da primeira vez que o ouvi discursar. Sentei-me atônita enquanto ouvia o jovem Enric, com seu rabo de cavalo, sotaque espanhol e voz passional, descrever seu compromisso em ajudar a proteger e salvar alguns dos últimos ecossistemas marinhos imaculados do mundo. Sua Aposta Alta: trabalhar com

SUPERE AS EXPECTATIVAS

governos para estabelecer 20 áreas marinhas protegidas até 2020, incluindo algumas das áreas mais selvagens e remotas.

A inspiração de Enric para sua Aposta Alta veio de seu papel anterior como professor na Scripps Institution of Oceanography, na cidade de La Jolla, na Califórnia. Tendo publicado diversos artigos destacando o estado frágil dos ecossistemas marinhos, Enric diz ter percebido que estava "escrevendo o obituário do oceano". Os oceanos compõem mais de 70% da superfície da Terra, e Enric sabia que restaurar e proteger partes fundamentais não só ajudaria a salvar os habitats e espécies naturais, mas a preservar o papel vital que os oceanos desempenham ao fornecer mais de 50% do oxigênio que respiramos e absorvem mais de um terço da emissão de carbono no ar. Como dizem os especialistas marinhos: "O oceano é o pulmão do nosso planeta."

Então ele decidiu agir. Sabendo que o trabalho de estabelecer novas áreas de preservação exigiria colaboração de governos em todo o mundo, se juntou à National Geographic e desenvolveu seu plano. Aos poucos, superou as expectativas e crenças de que conseguir a cooperação dos governos seria difícil. Ele gosta de dizer: "Primeiro faço com que se apaixonem pelo oceano, depois, ensino como proteger esses lugares incríveis."

Até hoje, mais de 18 locais foram estabelecidos como áreas de preservação, constituindo mais de 5.000.000km² de nossos oceanos. Enric incorporou uma abordagem altamente colaborativa a seu projeto, envolvendo um conjunto diversificado de organizações e interessados. Com outras áreas de preservação à vista, Enric está perto de ver sua Aposta Alta se tornar realidade — e com ela uma consciência de que nossos oceanos são importantes e merecedores de proteção.

Vi a estratégia de Enric quando me juntei a ele para uma expedição a uma dessas áreas conhecida como Jardins das Rainhas, localizada na costa de Cuba. Durante os cinco dias de expedição, mergulhamos três vezes ao dia. A equipe conjunta de cubanos e estadunidenses realizou contagens de peixes e avaliou a saúde dos recifes. Embora eu tivesse me apaixonado pelo oceano em tenra idade, a paixão que se agitava dentro de mim enquanto mergulhava nesse local imaculado me levou às lágrimas por trás da máscara de mergulho.

Era como se eu estivesse vislumbrando um oceano do passado, antes que a atividade humana degradasse a saúde dos recifes. Meço 1,65m de altura e vi passar por mim uma garoupa muito maior do que eu. Grandes predadores, incluindo tubarões, eram abundantes nessas águas — bem mais do que eu havia visto em um mesmo lugar. Nessa viagem, presenciei a capacidade de Enric de levar as pessoas a fazer tudo o que podiam para proteger esses lugares preciosos em nosso planeta.

$$\bullet \quad \bullet \quad \bullet$$

Muitas das grandes ideias partem de uma compreensão do que não funciona, e novas descobertas muitas vezes se beneficiam do que já foi tentado — boas notícias para todos nós que pensam: "Não sou criativo." Sara Blakely estava se arrumando para uma festa e queria obter o efeito modelador da meia-calça, mas sem os pés, pois usaria sandálias. Ela pegou uma tesoura e cortou a parte dos pés, e essa foi a inspiração para a cinta Spanx.

Sem experiência em design de moda ou confecção de roupas — ela vendia máquinas de fax —, Sara usava seu tempo livre para aprender tudo o que podia, até mesmo viajava para visitar fábricas. Certo dia, conversando com uma possível compradora da loja Neiman Marcus, ela a levou ao banheiro e mostrou o produto, conseguindo o primeiro cliente.

Oprah Winfrey falou da cinta como uma de suas "coisas favoritas", e Sara emplacou. Hoje, a empresa que começou com um investimento de US$5 mil gera vendas na casa das centenas de milhões anuais, e tornou-se uma importante filantropa para mulheres empreendedoras. "Não se deixe intimidar pelo que você não sabe", aconselha Sara. "Essa pode ser sua maior força e a garantia de que você faça tudo de forma diferente de todos os outros."

Sara é um exemplo do espírito empreendedor rigoroso que vemos em toda parte. Em nosso trabalho com agentes de mudança em todo o país, nós da Case Foundation percebemos que existem diversos nichos a ser descobertos — muitos *status quo* estão prontos para ser abalados. Lembro-me de ter ficado diante de dois jovens empreendedores na conferência anual da SXSW em Austin, alguns anos atrás. Era uma tarde bonita e ensolarada, mas passávamos nosso dia em um espaço de reunião no hotel, com o que parecia uma porta giratória de empresários entrando. Mas David Gilboa e Neil Blumenthal realmente se destacaram. Eles tinham uma ideia para abalar um setor empresarial bem estabelecido: o de óculos.

David e Neil eram alunos de MBA da Wharton School, quando David, sem dinheiro, perdeu os óculos e teve de pagar US$700 por um novo. Isso os fez pensar: poderia haver uma maneira melhor? Neil já havia trabalhado para uma organização sem fins lucrativos, a Vision-Spring, que treinava mulheres pobres de países em desenvolvimento para iniciar empreendimentos que ofereciam exames oftalmológicos e óculos acessíveis a pessoas que ganhassem menos de quatro dólares por dia.

Ele ajudou a expandir a presença da organização sem fins lucrativos para 10 países, apoiando milhares de empreendedoras e ampliando a equipe da organização de 2 para 30 pessoas. Na época, Neil não pensara que uma ideia nascida no setor sem fins lucrativos poderia ser transferida para o setor privado. Porém, mais tarde, na Wharton, quando ele e David pensaram em entrar no ramo de óculos, depois de ficarem chocados com os altos custos, decidiram que estavam construindo mais do que uma empresa — eles estavam também em uma missão social.

Eles fizeram uma pergunta simples: por que ninguém vende óculos online? Bem, porque alguns acreditavam que era *impossível*. Por um lado, o setor de óculos operava sob um monopólio que controlava os pontos de vendas e os preços. Era inquestionável o fato de que os consumidores é quem pagariam esses altos preços, mesmo que significasse que algumas pessoas ficassem sem óculos. Por outro lado, as pessoas não querem correr o risco de comprar um produto muito pessoal que deve ser cuidadosamente calibrado, como os óculos, online. Além disso, como poderia uma empresa online funcionar? David e Neil teriam que ser capazes de oferecer molduras estilosas, um ajuste perfeito e várias opções para a mesma receita.

Em 2010, com um investimento semente de US$2.500 do Wharton's Venture Initiation Program, David e Neil lançaram a empresa com uma série de modelos, preço de US$95 e um programa de hip marketing. (O nome da empresa, Warby Parker, é inspirado em dois personagens de um romance de Jack Kerouac.) Em um mês, venderam todo o estoque e a lista de espera tinha 20 mil pessoas. Em um ano, receberam um grande financiamento. Continuaram aperfeiçoando o conceito, oferecendo um programa de teste em casa inovador, uma série de lojas de varejo

SUPERE AS EXPECTATIVAS

e um aplicativo para testar a visão. Hoje, a Warby Parker está avaliada em US$1,75 bilhão, com 1.400 funcionários e 65 lojas.

Não é surpresa que Neil e David continuassem a usar o sucesso da Warby Parker para ajudar os necessitados. O programa Buy a Pair, Give a Pair da empresa é único: em vez de simplesmente fornecer óculos gratuitamente, a Warby Parker treina e equipa empreendedores em países em desenvolvimento para repassar os óculos oferecidos. Até hoje, quatro milhões de óculos foram distribuídos. Esse compromisso duplo em oferecer óculos a preços acessíveis, combinado com um programa para facilitar o acesso a óculos em todo o mundo, faz da Warby Parker um empreendimento social modelo do conceito de superar as expectativas.

> *"Não se trata da quantidade de riqueza que você acumula, não se trata da quantidade de lucros que você alcança, se trata das mudanças e impactos propagados."*
>
> — NEIL BLUMENTHAL

O advogado Bryan Stevenson tem superado as expectativas durante toda sua vida, mas seu projeto mais ambicioso é a promessa de acabar com o encarceramento em massa daqueles que sofrem com o legado da desigualdade racial. Como afirma: "Acredito que toda pessoa em nossa sociedade é mais do que o pior erro que já cometeu."

Seu projeto, a Equal Justice Initiative, passou de suas origens instáveis para vencer grandes desafios jurídicos, eliminando sentenças excessivas e injustas, exonerando inocentes do corredor da morte, confrontando o abuso de encarcerados e doentes mentais, e ajudando crianças processadas como adultos. "Os negros norte-americanos carregam um grande fardo", explicou ele em entrevista ao *Pacific Standard*. "Essa presunção de periculosidade pesa. E, quando não falamos sobre isso, quando não nomeamos isso, o fardo só fica mais pesado. As pessoas negras têm que se esquivar dessas pressuposições, e isso é desgastante."

Bryan conhece esse esgotamento. Antes que o *Brown v. Board of Education* surtisse efeito, ele ingressou no primeiro ano em uma escola segregada, em Delaware, e, embora as escolas tenham sido integradas no ano seguinte, ainda não estava autorizado a subir no trepa-trepa durante o recreio. Cada vez que ia ao consultório médico, ele e seus pais entravam pela porta dos fundos.

Bryan sentiu na pele a barreira que dividia as pessoas nos EUA, e sentiu grande empatia por aqueles que falharam, pois nunca tiveram a chance de superar essa barreira. "A falta de compaixão corrompe a decência de uma comunidade, um estado, uma nação", escreveu em seu poderoso livro *Compaixão: Uma História de Justiça e Redenção*. "O medo e a raiva nos tornam vingativos, abusivos e injustos, até que todos sofremos com a ausência de misericórdia e nos condenamos tanto quanto vitimamos outros. Quanto mais implementamos o encarceramento em massa e níveis extremos de punição, mais acredito que é necessário reconhecer que todos precisamos de misericórdia, justiça e — talvez — todos precisemos de compaixão imerecida."

Bryan defendeu com sucesso vários casos perante a Suprema Corte dos EUA. Em 2017, obteve uma decisão histórica quando o tribunal considerou inconstitucionais as penas obrigatórias de prisão perpétua sem possibilidade de liberdade condicional para jovens de 17 anos ou mais.

"O tribunal deu um passo significativo ao reconhecer a injustiça das sentenças de prisão até a morte que não permitem que os sentenciados considerem o status único das crianças e seu potencial de mudança", disse Bryan sobre a decisão. "O tribunal reconheceu que as crianças precisam de mais atenção e proteção no sistema de justiça criminal." Isto é simplesmente compaixão: desafiar toda a sociedade a deixar de lado nossas suposições e permitir que a verdadeira justiça prevaleça.

A característica mais comum que as Apostas Altas compartilham é que costumam fugir da sabedoria convencional ou desafiar o senso comum antes de ser comprovadas. E geralmente o mesmo acontece com as pessoas que as fazem — assim como suas grandes ideias, muitas vezes elas são subestimadas. Se você já ouviu falar: "Isso não pode ser feito", então talvez esteja fazendo algo grande! As histórias deste capítulo nos ensinam que grandes ideias podem vir de qualquer lugar e de qualquer pessoa, incluindo aquelas que o mundo rejeita. Você consegue encarar a insegurança e usar os descrentes como fonte de motivação? Você consegue responder suas dúvidas dizendo: "Apenas me observe"?

QUATRO

OBSERVE AO REDOR

As invenções não são inspiradas pela opinião pública. "Se eu perguntasse às pessoas o que queriam, elas teriam dito: 'Cavalos mais rápidos'", disse Henry Ford. Os visionários que criam novas realidades devem ser capazes de observar ao redor e perceber o que os outros não conseguem fazer. Quando o automóvel foi apresentado, as pessoas voltaram-se imediatamente para as desvantagens — os riscos. É sempre assim com novidades. Pense no receio da era moderna a respeito dos carros sem motorista. Muitas das inovações mais significativas da história vieram de visionários que precisaram esperar para que o mundo os alcançasse.

Quando uma invenção é aceita pelo mainstream, é fácil esquecer como era a vida antes dela. Hoje em dia, quem pode imaginar a vida sem internet? Até recentemente, em 1995, apenas uma em cada quatro famílias possuía um computador! Quando a America Online foi fundada, em 1985, os EUA estavam longe de massificar a internet. Apenas 3% dos estadunidenses tinham acesso à internet na época e, em média, apenas uma hora por semana. Poucos empregos exigiam conhecimentos de informática e ninguém andava por aí com dispositivos smart no bolso. Lembro-me com grande clareza do número de vezes que ouvimos:

"Por que eu precisaria de um e-mail?" ou "Minha empresa não precisa de conexão com a internet".

No entanto, estávamos em uma missão para democratizar o acesso a ideias e informações, então apresentamos uma oferta convincente para o mundo. E persistimos firmes no que acreditávamos. Levamos nove anos para conseguir o primeiro milhão de clientes, mas apenas sete *meses* para obter o segundo. Hoje, alguns nem usam mais computadores, usam tablets ou smartphones de última geração.

Observar ao redor consiste em perceber para onde as tendências apontam ou decidir começar uma nova. A Amazon é um exemplo singular disso. Em um momento em que as pessoas ficavam preocupadas em colocar informações de cartão de crédito online, a Amazon as deixou tão confortáveis com a ideia que, hoje, as empresas armazenam informações de cartão de crédito, rastreiam compras e recomendam outros itens.

O fundador da Amazon, Jeff Bezos, é meu amigo há muitos anos, desde os primeiros períodos da tecnologia, quando a empresa era uma jovem startup com uma Aposta Alta. De muitas maneiras, a história da vida de Jeff é a personificação dos princípios de Ir à Luta e do Sonho Americano.

Jeff nasceu de uma mãe de 17 anos que ainda estava no ensino médio. Quando ele tinha 4 anos, sua mãe se casou com um imigrante cubano, e aqueles que conhecem Jeff percebem o incrível papel que ambos exerceram em sua vida.

Um pouco mais velho, Jeff passava o verão com os avós em um rancho no Texas, onde, mesmo quando criança, trabalhava. À medida que envelheceu, seu trabalho na fazenda começou a moldar seu senso de desenvoltura e confiança. "Consertávamos

OBSERVE AO REDOR

moinhos de vento, instalávamos tubulações de água, construíamos cercas e celeiros e consertávamos a retroescavadeira", disse em uma entrevista ao *Business Insider*. Ele fala de lições tiradas de suas experiências na fazenda, da natureza prática da solução de problemas à importância do trabalho em equipe.

Jeff estudou em Princeton e encontrou sucesso em Wall Street. Em 1994, era um jovem gestor de fundos hedge, quando contou a seus pais sobre sua ideia de abrir uma empresa na internet. A primeira pergunta de seu pai foi: "O que é a internet?" Mas Jeff ficou cativado pelos números. Depois de ler que a internet cresceu 2.300% em um ano, procurou um produto para lançar, pesquisando 20 categorias diferentes antes de escolher livros. Seus pais foram os primeiros investidores, injetando a maior parte de suas economias. Eles não apostaram na ideia, Jeff disse mais tarde, porque não a entenderam. Estavam apostando em seu filho — mesmo depois de terem sido avisados que havia 70% de chance de perderem todo o investimento.

Jeff não sabia como seria seu empreendimento quando deixasse a lucrativa carreira em Wall Street para entrar no emergente mercado da tecnologia. Porém, como explicou mais tarde: "Tinha certeza de que, aos 80 anos, nunca me perguntaria por que abandonei meu bônus em Wall Street, no meio do ano, no pior momento possível. Esse tipo de questão é irrelevante quando se tem 80 anos. Em contrapartida, sabia que me arrependeria amargamente de não ter participado dessa coisa chamada internet, que parecia ser revolucionária. Quando pensei dessa maneira, foi incrivelmente fácil tomar a decisão." Era sua Aposta Alta.

> *"Sempre haverá serendipidade envolvida na descoberta."*
> — JEFF BEZOS

Algo grande estava acontecendo. Em um mês, a Amazon faturou US$20 mil em vendas. Um ano depois, Jeff conseguiu levantar US$8 milhões e, em 1997, a empresa abriu seu capital. No ano seguinte, a Amazon começou a vender música, vídeos e, em seguida, outros produtos como eletrônicos, utensílios domésticos e brinquedos.

À medida que a Amazon se tornou uma das empresas mais bem-sucedidas dos EUA, o modelo revolucionário de Jeff gerou controvérsia. O economista Paul Krugman afirmou que a Amazon "tem muito poder, e o usa de maneiras que prejudicam o país" — uma visão compartilhada por outros que culpam a empresa por declínios nas vendas no varejo. Mas outros ainda argumentam que Jeff não criou esse declínio. Ele apenas reconheceu uma tendência e a capitalizou com uma empresa que recorria ao que os consumidores queriam: mais opções, mais conveniência e preços mais competitivos.

E a Amazon continuou inovando, observando ao redor para encontrar novas oportunidades. Quando Jeff apresentou o Kindle e-reader, em 2007, quase não havia e-books — apenas 20 mil disponíveis para download. Quando o Kindle foi colocado à venda, o número aumentou para 90 mil. Hoje, existem mais de 5 milhões de e-books disponíveis na loja Kindle da Amazon e outros milhões em outras plataformas. Além disso, a Amazon passou a interferir em outros mercados com seu serviço de streaming de vídeo e dispositivos smart como a Alexa, que estão presentes nas residências de todos os lugares.

OBSERVE AO REDOR

A história de Jeff Bezos é bem conhecida, mas há inúmeras outras pessoas observando ao redor para fazer Apostas Altas todos os dias. Uma das minhas favoritas é Sarah Parcak, parceira da National Geographic e vencedora do Prêmio TED de US$1 milhão, em 2016. Foi seu título profissional — arqueóloga espacial — que despertou meu interesse. O endereço de seu perfil no Twitter — @IndyFromSpace — só me deixou mais interessada.

Sarah é uma mulher vibrante cujo entusiasmo por sua área é contagiante. Ela usa a mais recente tecnologia para encontrar algumas das estruturas mais antigas do planeta, descobrindo tesouros culturais ocultos que se encontram sob a superfície da Terra — antiguidades que o tempo e elementos naturais enterraram, como pirâmides e templos. Graças a Sarah, os arqueólogos, que geralmente partem para uma escavação com dados limitados para orientá-los, agora são direcionados para "hot spots" em que as antiguidades são mais prováveis.

Sarah credita sua criação à cidade de Bangor, em Maine, como inspiração de sua carreira. Ela se lembra de passar horas caminhando pelas praias em busca de bolachas-do-mar. "Essas criaturas são difíceis de encontrar", diz ela. "Elas estão encobertas de areia e são difíceis de ver. Com o tempo, me acostumei a procurá-las. Comecei a identificar formas e padrões que me ajudaram a coletá-las." Para Sarah, essa escavação evoluiu para uma habilidade de reconhecer padrões e se transformou em uma paixão por encontrar objetos enterrados. Até o momento, seu uso inovador da tecnologia de satélite levou à descoberta de 17 pirâmides.

Contudo, o sonho de Sarah não para por aí. Seu desejo que lhe rendeu o Prêmio TED é engajar as pessoas em todos os lugares como "cientistas cidadãos" na identificação e proteção de locais culturais sagrados que são ameaçados ou destruídos por exploradores, como o ISIS ou os traficantes de antiguidades. No palco do TED, declarou: "Os arqueólogos são os guardiões da memória cultural e os porta-vozes culturais de bilhões de pessoas e milhares de culturas que vieram antes de nós. Acredito que existem milhões de sítios arqueológicos ainda não descobertos. Descobri-los não fará nada menos do que libertar todo o potencial de nossa existência."

A necessidade urgente de identificar e proteger locais antigos em todo o mundo motivou Sarah a pensar grande. Sabendo que existem milhões de locais a serem explorados, Sarah percebeu que nem mesmo um trabalho heroico dos 200 arqueólogos espaciais, digno de Hércules, chegaria perto de erradicar o problema, dadas suas proporções.

Sua grande ideia? Democratizar a arqueologia e a busca de sítios antigos, criando e treinando um exército de exploradores globais do século XXI. Ela usou seu prêmio do TED para construir uma plataforma de financiamento coletivo voltada para cientistas e cidadãos, que daria à população do mundo inteiro a chance de examinar e identificar locais ocultos. Essa abordagem, fundamentada em "big data", serviu para desencadear uma revolução exploradora global, com os cidadãos analisando milhões de pequenos "ladrilhos" ou áreas fotografadas do espaço, identificando dezenas de milhares de locais e recursos antigos em potencial, em várias nações.

Entre os contribuintes mais prolíficos está uma mulher de 90 anos cuja paixão pela arqueologia nasceu quando ela e o marido desenterraram um fóssil no quintal, nos anos 1950 — o que mostra que qualquer pessoa de qualquer lugar tem algo a contribuir para preservar a herança cultural do mundo.

Como este capítulo demonstra, muitas Apostas Altas são resultado tanto de observar para onde as tendências apontam quanto de começar uma. E embora não exista uma bola de cristal, muitas Apostas Altas foram bem-sucedidas porque alguém imaginou um futuro diferente e inovador e o perseguiu. Que tipo de mundo você quer ver? Que tipo de futuro você quer construir? O segredo é ignorar aqueles que não compartilham de sua opinião e persistir para alcançar seu objetivo.

CINCO

AGORA VÁ E FAÇA SUA APOSTA ALTA

Certo dia, durante o ensino médio, eu estava caminhando com o diretor da escola em que estudava, que perguntou o progresso que eu havia feito em determinada tarefa. "Simplesmente não consigo arranjar tempo", disse, tímida. Ele parou, me olhou nos olhos e respondeu: "Você não *arranja* tempo para o que é importante. Você *cria* tempo para aquilo que importa." É uma lição que carrego comigo até hoje e uso minha agenda para refletir sobre o que realmente importa.

Você tem uma Aposta Alta para sua vida pessoal ou profissional? Essas decisões de hoje afetam os resultados do amanhã. As relações que você constrói, suas afiliações profissionais, até mesmo como usa seu tempo, tudo isso resulta em um investimento significativo. Logo, a questão é: para quê? É fácil se deixar levar e esquecer de verificar se o seu caminho o está aproximando de seus objetivos.

Os alunos do colégio Parkland foram para a aula certo dia, preocupados com as provas e a formatura, apenas para serem arrancados de suas rotinas por um tiroteio em massa. Eles não estavam prontos — quem estaria preparado para algo assim? Mas muitos deles consideraram essa tragédia uma oportunidade para fazer uma mudança desesperadamente necessária. Brian Chesky e Joe Gebbia tinham poucos recursos para fazer uma aposta, muito menos alta. Mas quando um problema precisa ser resolvido, eles arranjam uma solução, ainda que seja de um colchão de ar no chão. Sara Blakely começou com nada além de uma ideia e US$5 mil, mas teve a tenacidade e o jogo de cintura (com o perdão do trocadilho) que colocou a cinta em produção. Jeff Bezos estava analisando as tendências, seguindo o exemplo do grande jogador de hóquei Wayne Gretzky: "Concentre-se no destino do disco, e não em onde ele está."

Como *você* começará?

O que significa, para você, pensar à frente, recusar os padrões da vida? Há muitos exemplos de pessoas que fizeram exatamente isso e alcançaram incríveis resultados. Carros sem motorista pareciam ficção científica quando foram propostos, mas hoje já são uma realidade próxima, assim como os serviços de entrega por drones. Podemos vislumbrar um futuro sem aparelhos de televisão e telefones fixos. Podemos vislumbrar sistemas de distribuição de água limpa, tecnologias movidas a combustível limpo e fontes de alimento que ainda precisam ser inventadas. Pense no que isso significa para *você*, começando onde está. Que futuro inimaginável você pode ajudar a criar?

"A melhor maneira de prever o futuro é criá-lo." Essa citação é atribuída a Abraham Lincoln e ao guru da administração Peter Drucker. Seja de quem for, a lição é válida. Depois de estabelecer uma Aposta Alta, comece a trabalhar. Defina seu objetivo e, em seguida, o divida em partes gerenciáveis. Toda grande ideia começa com um primeiro passo. Então, assim que souber para onde quer ir, faça seus planos. Considere quantas conquistas audaciosas foram realizadas desde que a promessa foi feita. Quando Kennedy disse: "Decidimos ir à Lua nesta década", estabeleceu um objetivo. Certa vez, discursei para uma plateia a respeito da promessa de JFK, e a esposa de um astronauta na sala salientou que, quando ele falou sobre mandar um homem para o espaço, também disse: "E depois trazê-lo de volta em segurança." Essa foi parte da aposta de Kennedy. Qual será seu moonshot? E como você o concretizará?

Para fazer uma Aposta Alta, concentre-se em seu verdadeiro objetivo: as metas que o impulsionam. Para mim, o objetivo sempre foi trabalhar para capacitar os outros. O verdadeiro objetivo é sua orientação para a vida. Ele nunca muda. Não se baseia em um emprego nem em qualquer outro esforço, e sempre o levará aonde você precisa ir.

Quando analiso os agentes de mudança apresentados nesta parte do livro, vejo pessoas buscando um mundo diferente do nosso: para Barbara Van Dahlen, é um lugar em que os soldados possam voltar para suas famílias e receber o devido apoio. Para Rachel Sumekh, é um lugar em que nenhum estudante universitário passe fome. Para Astro Teller, é um mundo em que a tecnologia é aproveitada para resolver problemas "impossíveis". Para os alunos do Parkland, é um mundo onde a vida das crianças é mais importante do que as armas. Para Eunice Shriver, é um mundo onde ter uma deficiência não deve impedi-lo de vencer.

O que mais me chama atenção sobre muitos desses indivíduos é sua simplicidade. Muitos deles são pessoas normais, como você e eu — pessoas cuja característica mais marcante é a paixão por um sonho que determinaram tornar realidade.

PARTE DOIS

SEJA OUSADO, ARRISQUE-SE

Saia da zona de conforto

Entenda o risco como P&D

Dê continuidade ao trabalho dos outros

Arrisque-se ou arrependa-se

Agora vá e encontre a "zona da coragem"

SEIS

SAIA DA ZONA DE CONFORTO

Firmei-me no topo do poste telefônico e olhei para a instrutora que estava nove metros abaixo. "Acho que não consigo fazer isso", gritei, frustrada e envergonhada. Eu havia me inscrito para essa aventura como parte de um exercício do tipo Outward Bound. Havia seis no grupo, e quando a instrutora pediu que um de nós fosse primeiro, levantei a mão.

Assim que subi, perdi a convicção. O objetivo do exercício era subir os nove metros e andar mais nove, horizontalmente, até o poste do lado oposto. A aventura era chamada de "Na Corda Bamba", e foi exatamente assim que me senti. Fiquei de pé no topo do primeiro poste por vários minutos, meu coração acelerado e minhas pernas tremendo, enquanto meus cinco colegas de equipe me encaravam. Embora eu estivesse presa por um cinto de segurança, a ideia de dar o primeiro passo no estreito poste horizontal me paralisou. "Acho que não vou mesmo conseguir", disse de novo, segurando as lágrimas.

"Você podia ao menos *tentar*", disse a instrutora, cinco palavras que mudariam minha vida nos anos seguintes — ou pelo menos minha perspectiva. Eu podia *ao menos tentar*. Se eu não conseguisse ou caísse, e daí? Estava presa por um cinto de segurança, e não queria ser a pessoa que desistiu. Queria enfrentar meu medo e colher os frutos da tentativa, quaisquer fossem.

Então dei o primeiro passo, depois outro e outro. Lentamente, e com algumas oscilações, continuei. Cerca de um terço do caminho depois, comecei a perder o equilíbrio. Nesse momento, ouvi uma voz de baixo: "Você está indo bem, mantenha o foco, continue!" Parei e recuperei o equilíbrio. De pé, com o próximo apoio a pelo menos três metros de distância, respirei fundo e continuei atravessando o poste. De certa forma, esses passos — seguidos de tropeços — pareciam mais desafiadores do que os primeiros. Continuei, permitindo-me apenas a mais breve pausa para tocar o poste oposto antes de me virar para refazer o trajeto. Quando minhas mãos finalmente agarraram o poste que eu havia escalado, ouvi comemorações. Todos me aplaudiram e elogiaram quando desci.

Com as pernas ainda tremendo, tirei o cinto de segurança e voltei minha atenção para os outros cinco que fariam o mesmo. Quando todos terminamos o exercício, nos reunimos em círculo e falamos sobre a experiência.

Em certo momento, a instrutora me olhou, curiosa. "O que aconteceu lá em cima, Jean?", perguntou. "O que você estava sentindo?" Admiti que senti medo. Pensei que não seria capaz de realizar a tarefa. Então ela me fez uma pergunta que ninguém nunca havia feito: "Você acha que a maioria das coisas que resolveu buscar são aquelas em que você é boa?" Nossa. Eu nunca tinha considerado isso, mas, depois de refletir, percebi que, sim, na verdade, eu achava. Meus sucessos geralmente eram oriundos de áreas em que possuía certo grau de conforto e confiança. "Existe algo que gostaria de fazer, mas se impediu de tentar por temer que não fosse boa o suficiente?", perguntou a instrutora. Fiquei quieta por um bom tempo, pensando. Ela sugeriu: "Por

SAIA DA ZONA DE CONFORTO

que você não faz uma lista do que sempre pensou em fazer, mas resistiu por medo de não se sobressair?"

Quando voltei para meu quarto, fiz uma lista. Apesar de curta, me surpreendi ao perceber que não me sentia confortável com o risco. E embora não soubesse na época, essa lista era o começo de uma nova maneira de viver — uma que me traria muito mais satisfação e alegria.

Mais de uma década depois desse dia, sinto uma plenitude maior de vida porque agora, deliberadamente, me dedico a tarefas que não tenho certeza se posso realizar. Sim, houve desapontamentos, mas foram compensados pelo meu orgulho de não ceder ao medo. É estimulante experimentar coisas novas: alpinismo, Tae Kwon Do, mergulho com tubarões, caminhada no gelo marinho da Antártida. Mais vital do que os riscos físicos, porém, é a consciência, agora infusa em minha vida e trabalho, de que o momento em que me sinto confortável é o momento em que preciso mudar de direção.

Talvez existam medos que o impeçam de ser corajoso, correr riscos ou simplesmente tentar algo novo. Como eu, espero que você se inspire com as histórias das páginas a seguir de pessoas que assumiram riscos ousados para alcançar o extraordinário. Essas histórias deixam claro que o que separa os indivíduos destemidos de todos os outros não é a ausência do medo, mas sua capacidade de superá-lo. O então presidente Jimmy Carter certa vez disse: "Caminhe na corda bamba. É assim que se alcança os resultados." Deixe que essas histórias o incentivem a abraçar o risco e aproveitar os frutos de seus novos e ousados esforços.

Sempre fui atraída por histórias sobre grandes exploradores, e tornar-me presidente do Conselho de Administração da National Geographic Society me possibilitou conhecer inúmeras pessoas que colocaram tudo em risco para abrir o mundo para nós. Particularmente, inspirei-me em uma mulher chamada Eliza Scidmore, que havia me precedido, há mais de um século, como a primeira integrante do conselho administrativo da National Geographic Society, em 1892.

Eu me senti muito ligada a Eliza. Ela também cresceu na região central dos Estados Unidos, nascida no Centro-Oeste, em 1856. E a mãe de Eliza, como a minha, queria mais para si e para seus filhos. Separada do marido, se mudou com seus dois filhos para Washington, D.C., onde administrava uma pensão. Na movimentada capital, Eliza sentiu seu mundo se expandir. Foi cercada por diplomatas, políticos e líderes militares, muitos deles voltando de viagens distantes, que falavam de beleza e aventura. Essas histórias incutiram em Eliza um fascínio pela geografia, e ela passou longas horas estudando mapas. "A viagem deve ter nascido em mim, como o pecado original", disse ela a um entrevistador, em 1890. "Meus devaneios sempre foram sobre viagens a outros países."

Em seu tempo, qualquer viagem independente era difícil para uma mulher solteira, ainda mais as aventuras para os lugares inexplorados que Eliza desejava conhecer. Mas ela estava determinada e, assim, encontrou uma maneira muito inteligente de conseguir o que queria. Após graduar-se na Oberlin College, aos 19 anos, começou a carreira de jornalista, optando pelo nome E. R. Scidmore para disfarçar seu gênero. Logo, o "Sr." Scidmore tornou-se muito popular, ganhando dinheiro suficiente para financiar suas atividades jornalísticas. Sua primeira grande jornada foi como passageira em um navio a vapor até as fronteiras selvagens do Alasca, onde relatou as histórias das tribos locais e dos primeiros colonos brancos e escreveu sobre as magníficas terras intocadas. Em 1885, publicou o primeiro guia de viagem

SAIA DA ZONA DE CONFORTO

para a região, quase 75 anos antes de o Alasca se tornar o 49º estado dos EUA.

Ao acompanhar seu irmão, que serviu no consulado dos EUA no Japão, Eliza explorou amplamente o Extremo Oriente, enviando suas impressões em relatos vívidos. Em 1890, ela se juntou à recém-fundada National Geographic Society, tornando-se a primeira escritora e fotógrafa feminina de sua revista. A trajetória de Eliza levou-a para a Índia, China, Java (agora Indonésia), Coreia, Rússia e diversos outros países. Suas contribuições ajudaram a formar a reputação da cobertura da *National Geographic* sobre a natureza e as pessoas de lugares desconhecidos. Ela era uma exploradora em uma época em que o lugar de uma mulher era "supostamente" em casa.

Em sua primeira visita ao Japão, Eliza viu o que mais tarde chamaria de "a maior beleza do mundo" — as cerejeiras japonesas. Ela se convenceu de que as lindas flores delicadas contribuiriam muito para adicionar elegância à capital de seu próprio país e passou a usar sua crescente influência para defender a plantação de cerejeiras japonesas em torno da Bacia das Marés, "lamacenta e pouco atraente", de Washington. Levou 20 anos para que visse isso acontecer, mas ela e a primeira-dama, Helen Taft, avançaram com seus planos. Depois que oficiais dos EUA e do Japão souberam de suas ambições, a ideia pegou e ganhou força. Em 1910, o primeiro presente de duas mil árvores foi recebido do governo japonês. Hoje, essas árvores são sinônimo da primavera de Washington, a marca perene de Eliza em nosso mundo.

> *"É o seu caminho, e apenas seu. Outros podem andar ao seu lado, mas ninguém fará a caminhada por você."*
>
> — RUMI

A História é repleta de contos de exploradores que podemos usar como modelos para os próprios empreendimentos — como o de Ernest Shackleton, cuja liderança ao longo de sua famosa expedição para fazer a primeira jornada transcontinental através da Antártida é lendária.

Quando seu navio estava a apenas um dia de distância do continente, placas de gelo cercaram o *Endurance*, impossibilitando qualquer movimento. Por meses, Shackleton e seus homens sobreviveram, usando disciplina militar para manter a ordem e dividir as tarefas necessárias para mantê-los vivos. Quando o *Endurance* foi esmagado pelo gelo, aconteceu devagar, e foi graças ao rangido assustador da madeira que Shackleton conseguiu reunir seus homens e transportar botes salva-vidas, que arrastaram pelo gelo em direção ao mar aberto.

Seu plano: percorrer centenas de quilômetros através de um dos trechos mais hostis do oceano. Milagrosamente, a tripulação chegou à Ilha Elefante, onde um acampamento base foi montado. Mas Shackleton sabia que o resgate provavelmente não viria se todos permanecessem, então, com uma tripulação de cinco homens, partiu novamente no pequeno barco de madeira em águas perigosas para a Ilha Geórgia do Sul, a centenas de quilômetros de distância. Ao chegar, enfrentou uma escalada perigosa sobre as cordilheiras geladas, mas a lembrança de seus homens aguardando o resgate na Ilha Elefante o encorajaram. Enfim, Shackleton chegou a um posto avançado em que fez arranjos para o resgate de sua tripulação. Todos sobreviveram à aventura angustiante.

SAIA DA ZONA DE CONFORTO

Hoje, MBAs estudam o legado de Shackleton, livros e filmes contam sua história, e gerações de exploradores partiram para novas fronteiras, inspiradas na história desse homem destemido. Mas nos anos seguintes à sua fracassada expedição, quando perguntado sobre as dificuldades extremas que encontrou, Shackleton respondeu: "As dificuldades são apenas algo que devemos superar, afinal de contas."

Em nossa era moderna, também podemos encontrar esses exemplos de coragem. Tive algumas oportunidades de testemunhá-los. Em 1981, tive o privilégio de estar presente no lançamento do primeiro ônibus espacial, *Columbia*, no Kennedy Space Center, na Flórida. A delegação congressional da Flórida havia sido convidada para acompanhar o lançamento, e meu então chefe, o congressista E. Clay Shaw, generosamente me convidou para ir junto. No momento do lançamento, houve um estrondo incrivelmente alto, acompanhado de uma sensação de que o chão romperia. Senti atravessar meus ossos. Observando a elegante nave subir, eu estava profundamente consciente de que ela selaria o destino dos astronautas, cuja coragem estava além de qualquer situação que eu já imaginara. Lembro-me de pensar: "Se eles podem fazer *isso*, o que *eu* posso fazer?"

Ao longo da minha vida, percebi que o mundo está cheio de pessoas com grandes ambições. Escutei suas dúvidas e vi o desconforto em seus rostos enquanto falavam sobre pisar em terrenos inexplorados. Muitas vezes, aqueles que usam esse desconforto para se impulsionar são aqueles que saem na frente. Podem não conseguir na primeira tentativa, mas, na maioria das vezes, como Shackleton ou os astronautas, eles continuam.

Eu me lembrei disso no primeiro dia na Antártida em uma viagem com a National Geographic, em 2017, quando estava descendo de uma trilha com gelo até uma encosta íngreme. Sentindo-me aliviada por ter escorregado apenas duas vezes sem me machucar, avistei um pinguim-de-barbicha vindo na nossa direção. Esse pinguim era certamente um viajante experiente do gelo e da neve, mas estava tão envolvido em suas observações que perdeu o equilíbrio e caiu de barriga para baixo. Determinado, ele simplesmente se endireitou e prosseguiu. Alguns de nós riram. Mas a verdade é que todos podem escorregar, não importa o nível de competência. O principal é voltar e seguir em frente.

Se você é como eu, ficar desconfortável é, bem, *desconfortável*. Todos preferiríamos viver na zona de conforto, mas, como mostram as histórias deste capítulo, nada de extraordinário vem dela. Assumir riscos requer ousadia — entrar em território desconhecido e ser inovador, muitas vezes de forma inesperada. A própria natureza dos avanços é seu ineditismo. Você está considerando uma possível ação que exige que se sinta desconfortável e saia para um território desconhecido? A parte mais difícil é o primeiro passo. Como o conselho que recebi quando estava em um poste, a nove metros acima do solo, continue dizendo a si mesmo: "Eu posso ao menos *tentar*."

SETE

ENTENDA O RISCO COMO P&D

Quando trabalho com conselhos de empresas tradicionais, percebo os membros se contorcendo nas cadeiras se pergunto sobre sua disposição em assumir riscos. Isso acontece até naquelas que estão buscando se reinventar. Poucas pessoas estão inclinadas a correr *em direção* ao risco. Em vez disso, muitas vezes as ouço perguntar: "Como podemos minimizar ou eliminar os riscos?"

Mas e se substituíssemos o termo "assumir risco" por "pesquisa e desenvolvimento"? Quando você muda a imagem de um ato de imprudente para um processo intencional, às vezes incremental, o medo diminui. Em vez de uma questão de vida ou morte, o risco se torna parte do processo de descoberta.

Nosso cérebro é programado para evitar riscos. Nos primórdios da humanidade, o perigo físico estava sempre presente, então ele se adaptou para nos dizer quando precisávamos lutar ou fugir. Hoje, precisamos exercitá-lo de forma diferente, nos perguntando: "Qual é o lado ruim do risco? Qual é o lado positivo? Qual é o lado ruim da estagnação?"

Às vezes, comer pelas beiradas é a melhor maneira de se sentir confortável com a ideia da experimentação. No meu trabalho com organizações avessas ao risco, sugiro que pensem em fazer um investimento limitado, reservando talvez 1% do orçamento para projetos especiais que testem uma ideia nova. Assim, o risco deixa de assustar e se torna uma abordagem de pesquisa e desenvolvimento (P&D).

Fale com os CEOs do setor privado, e eles logo apontarão que P&D é a força vital das empresas inovadoras. Sim, algumas táticas falharão até você descobrir o que funciona. Porém, como disse Einstein: "Você nunca falha até parar de tentar." Isso é verdade, seja ao lançar um programa, desenvolver um produto ou iniciar um movimento. Muitas vezes ouvi de ativistas: "Mas não temos financiamento para P&D!" Respondo lhes lembrando das palavras de um dos nossos maiores inovadores modernos, Steve Jobs: "A inovação não tem nada a ver com quanto dinheiro você aplica em P&D. Quando a Apple lançou o Mac, a IBM gastava pelo menos cem vezes mais em P&D. Dinheiro não é tudo. As pessoas que trabalham com você, a forma como as orienta e quanto você extrai disso fazem diferença." Não é preciso um grande orçamento para experimentar.

> *"Você nunca falha até parar de tentar."*
> — ALBERT EINSTEIN

Sendo realista, os orçamentos são muitas vezes reduzidos, e os financiamentos para alguns programas, "bloqueados". Vejo isso especialmente em fundações e programas governamentais, que tendem a ter protocolos rigorosos. Quando organizações sem fins lucrativos ou governos experimentam e fracassam, seus erros costumam ser rotulados como desperdício, fraude ou abuso, o que desestimula a tomada de mais riscos.

No entanto, todos sabemos o valor da experimentação precoce e frequente, porque é a forma típica de fazer descobertas científicas e médicas. Não há instituição científica ou médica de confiança que não tenha laboratório — um espaço dedicado à experimentação. O mesmo pensamento é facilmente aplicado às iniciativas lideradas por indivíduos e ONGs. Independentemente do setor, todos devem se sentir capacitados para experimentar e testar novas ideias, oportunidades de mercado e até mesmo pivotar seu modelo de negócios.

A ciência e a medicina também proporcionam exemplos espetaculares de pequenos riscos que mudaram o mundo. Considere a varíola. No final dos anos 1700, quando a varíola devastava aldeias com a alta taxa de mortalidade de 35%, o Dr. Edward Jenner observou que as ordenhadoras de leite que já haviam sofrido de varíola bovina não contraíam a varíola humana, mesmo quando expostas à doença. Jenner testou o que parecia ser uma ideia maluca na época — injetar uma pequena quantidade do vírus da varíola bovina em indivíduos saudáveis para que isso os protegesse da varíola humana. Hoje, mais de 200 anos depois, as vacinas são comumente empregadas contra muitas doenças, e a vacina que Jenner descobriu levou à erradicação da varíola em todo o mundo.

Outro grande exemplo é o trabalho da exploradora da National Geographic Jane Goodall. Ainda guardo a memória de quando a conheci. Ela retornou ao "lar", a National Geographic, como parte do Explorers Symposium anual. Quando graciosamente subiu ao palco e falou sobre seu importante trabalho com uma cadência britânica inesquecível, a plateia se sentou hipnotizada. De fato, muito antes do sucesso do filme *Jane*, lançado em 2017, que narrava seu importante trabalho na África, ela já era bem conhecida mundo afora. Foi em 1965 que a National Geographic produziu um filme sobre seu trabalho no Parque

SEJA OUSADO, ARRISQUE-SE

Nacional do Gombe Stream, na Tanzânia, intitulado *Miss Goodall and the Wild Chimpanzess*. E as fotografias de seus primeiros trabalhos com chimpanzés são consideradas por muitos como uma das mais icônicas imagens da National Geographic.

A vida de Jane tem sido um exemplo de garra. Seu amor pelos animais e seu interesse em trabalhar com eles foram o estopim que a fizeram visitar uma amiga na África, quando tinha 26 anos. Naquela época, o famoso paleoantropólogo Louis Leakey fazia um trabalho inovador sobre as origens humanas, e Jane corajosamente pediu para vê-lo. Ao encontrá-la, Leakey a contratou como secretária alocada. Ela não tinha diploma universitário, mas ele planejava orientá-la. Em poucos meses, Leakey, que era casado e tinha 30 anos a mais do que Jane, disse que estava apaixonado por ela. Ela ficou horrorizada com o desenrolar da situação e muito preocupada que a rejeição às investidas dele prejudicasse o futuro do trabalho científico com que havia sonhado. Mas, apesar de seu desinteresse por ele, Leakey continuou a orientá-la e levantou os fundos necessários para viabilizar o trabalho de campo com os chimpanzés.

Como Jane não se formara em protocolos tradicionais de observação e pesquisa do comportamento animal, ela desenvolveu os próprios métodos, não convencionais. Com o tempo, atribuiu nomes a cada chimpanzé e levou cadernos para anotar e desenhar seus comportamentos. Logo, os chimpanzés passaram a visitá-la e a interagir com ela no campo. A pesquisa de Jane acarretou avanços drásticos. Sua observação de que os chimpanzés não apenas usavam ferramentas, mas as faziam a partir de objetos que encontravam, desafiou a ideia arraigada no senso comum de que apenas os seres humanos eram capazes de tais complexidades. Leakey se sentiu motivado a enviar um telegrama que dizia: "Agora precisamos redefinir as ideias de 'ferramenta' e 'homem', ou entender os chimpanzés como seres humanos."

Posteriormente, Jane recebeu o título de doutora pela Universidade de Cambridge. Seu trabalho no campo abrange 55 anos de pesquisa, e ela é amplamente reconhecida hoje como a principal especialista em chimpanzés. Ela fundou o Instituto Jane Goodall em 1977 e foi reconhecida e elogiada em todo o mundo, sendo nomeada, inclusive, Mensageira da Paz da ONU em 2002 pelo trabalho de sua vida.

A história de Jane lembra-nos de que, às vezes, abordar o desconhecido sem protocolos tradicionais de pesquisa nem elencar possíveis conclusões produz resultados notáveis. Jane teve sucesso e percebeu detalhes que escaparam a outros cientistas porque ela não tinha preconceitos nem noções preconcebidas sobre o mundo dos chimpanzés. Isso permitiu que fosse ousada, construísse o próprio método de P&D e, no caminho, transformasse o mundo. Era um grande risco viajar para a África, ir a campo sem treinamento adequado e publicar descobertas contrárias à compreensão científica da época. Ela foi destemida e indomável, e entendeu o risco como P&D. Em 2017, quando Jane voltou para a National Geographic e nos reunimos orgulhosos para a estreia de *Jane*, observei-a com admiração cumprimentar cada participante paciente e graciosamente. Fiquei impressionada com sua poderosa inspiração e contribuições extraordinárias para sua área e para o mundo, como um todo.

• • •

Jonas Salk também correu um grande risco. Em 1947, quando estava na casa dos 30 anos, tornou-se diretor do Laboratório de Pesquisa de Vírus da Universidade de Pittsburgh, onde foi encarregado de desenvolver recursos para combater a poliomielite, uma doença fatal que resultou em meio milhão de casos anuais de paralisia e morte. O trabalho de Salk tem um significado especial para mim desde que um tio contraiu poliomielite, aos 20 e poucos anos. O irmão do meu pai, um jovem alto, forte e bonito, voltou da Segunda Guerra Mundial com sonhos da vida que ele queria construir. Quando a poliomielite o atingiu, logo após seu retorno aos EUA, paralisou-o e o fez passar o resto da vida em uma cadeira de rodas.

Na época em que meu tio contraiu poliomielite, os cientistas acreditavam que as vacinas precisavam conter alguma forma "ativa" do vírus para serem eficazes. Salk queria experimentar uma vacina com o vírus "inativo", esperando que essa abordagem gerasse os tão necessários anticorpos protetores naqueles que vacinou sem colocá-los em risco de desenvolver a doença. Ele acreditava tanto na segurança de sua vacina, que administrou primeiro em si mesmo, sua mulher e filhos. Hoje, graças às contribuições de Jonas Salk, há pouquíssimos casos de pólio registrados no mundo. Como Jenner, antes dele, o comprometimento em experimentar cedo e com frequência salvou milhões de vidas.

A boa notícia é que a abordagem de laboratório não é reservada apenas aos cientistas. Devido aos avanços na tecnologia, o processo de testar e validar novas ideias pode ser otimizado, limitando o risco antecipadamente. Testar um plano ou produto rapidamente e com recursos limitados não é uma ideia nova; grupos focais são comumente empregados para determinar o apelo de um produto, e testes beta têm sido usados há décadas. O que é diferente hoje é que é possível apresentar seu conceito ao mercado e começar a incorporar o retorno do público antes que haja um produto real, e, em alguns casos, até que uma empresa ou organização seja formada. Isso, por sua vez, cria um cenário de equiparação que difunde a oportunidade.

Em seu célebre livro *A Startup Enxuta*, Eric Ries chama esse processo de prototipagem prévia de "construir, medir, aprender", e promove a ideia de fazê-lo com um "produto mínimo viável", (MVP) — ou seja, usando a menor quantidade de tempo e esforço necessários para viabilizar um produto, serviço ou ideia. Em vez de testar um produto repetidamente até que fique perfeito, Ries e as empresas que empregam essa estratégia enviam produtos assim que funcionam para um pequeno grupo de clientes fiéis, e então coletam feedback sobre como melhorá-los.

Ries destaca a história da Zappos, a grande vendedora online de sapatos. Quando o fundador da Zappos, Nick Swinmurn, idealizou a empresa, as pessoas disseram-lhe que comprar sapatos online era loucura, porque você precisa experimentá-los. Mas Swinmurn não se deteve. Ele foi aos varejistas e perguntou se poderia fazer fotos dos sapatos que vendiam e disponibilizá-los online. Depois, construiu um site com as fotos no qual era possível as pessoas fazerem pedidos. Quando alguém pedia sapatos, Swinmurn os comprava e despachava. Ele obviamente não conseguiria manter essa logística por muito tempo, mas a manteve por tempo suficiente para descobrir quais seriam os desafios e o que os clientes queriam. Então lançou a empresa.

Há muitos exemplos como o da Zappos, baseados em aprimoramentos nos processos e em convidar os clientes a participar da inovação. Dessa forma, o risco se torna uma abordagem P&D, e as oportunidades prosperam. As histórias, e seus dados subjacentes, deste capítulo destacam uma mudança de mentalidade, que, em vez de pensar no risco como um salto grande e assustador, o entende como algo essencial ao avanço de uma ideia ou iniciativa. Já não podemos nos dar ao luxo de ficar parados em um mundo em rápida transformação, repleto de tantas novas necessidades. Cada um de nós precisa adotar a ideia de tentar constantemente coisas novas e descobrir maneiras diferentes de resolver problemas antigos. No processo, vamos mudar nossa opinião para reconhecer que os riscos que assumimos representam nossa própria versão, necessária, de P&D — parte do processo rumo a uma grande conquista.

Não sei por que a incorporação da pesquisa e do desenvolvimento a nossas vidas não é algo incentivado por todos. Muito antes da busca por uma Aposta Alta, P&D nos ajuda a evitar a estagnação, nos chamando constantemente para voltar aos esboços. E, como este capítulo deixa claro, não é necessário um grande orçamento nem laboratório físico. O segredo é a disposição de dedicar tempo e energia ao processo. Você consegue identificar algumas táticas que pode testar a fim de fazer sua grande ideia avançar para a etapa seguinte?

OITO

DÊ CONTINUIDADE AO TRABALHO DE OUTRAS PESSOAS

Muito da minha aprendizagem ao longo da vida veio dos livros. Uso a sabedoria obtida de muitos deles no meu trabalho. Há alguns anos, li um livro que influenciou tanto nosso trabalho na Case Foundation, que combinamos de lê-lo juntos, como uma equipe. Em seguida, com a ajuda de queijos e vinhos depois do trabalho, reunimo-nos para compartilhar as reflexões e discutir como poderíamos aplicar as lições do livro ao nosso trabalho. Foi um momento de transformação de que todos recordamos bem.

Esse livro era *Como Chegamos Até Aqui* de Steven Johnson. Nele, o autor dissipa o mito de que a inovação requer um gênio individual e um momento "eureca!", conforme citado. Johnson afirma: "Grandes ideias surgem de avanços menores e incrementais." Ele conta a história de Thomas Edison, um homem que associamos tanto à genialidade que relacionamos o momento "eureca!" à imagem da "lâmpada". Mas Johnson deixa claro que não foi assim tão simples. Edison não foi sequer o primeiro. As primeiras patentes da lâmpada precederam Edison na maior parte do século, e dezenas de outras receberam patentes de partes da invenção a que creditamos Edison hoje. Seu verdadeiro talento era ser um seguidor rápido e eficaz — captando ideias que já haviam sido testadas e juntando-as a novas percepções e a uma nova equipe.

O ponto que Johnson destaca a respeito de Edison é o seguinte: ele não inventou apenas uma tecnologia, mas todo um sistema de invenção. O próprio Edison entendeu que a inovação e o desenvolvimento iterativo geralmente andam de mãos dadas, reconhecendo ter pegado emprestado do trabalho de outros. "A palavra 'esponja' me define melhor do que 'inventor'", disse. E o sábio empreendedor entende isso. E se você observar os sistemas de equipe usados nos Bell Labs, Xerox e em alguns dos laboratórios clássicos de inovação, verá que adotaram a abordagem de Edison e a aplicaram.

Talvez eu tenha um apreço especial por dar continuidade ao trabalho de outras pessoas porque passei o início da carreira ajudando a elaborar serviços digitais online — as empresas que deram a muitos de nós a primeira experiência com a internet. Comecei com o primeiro serviço online exclusivo do país, o The Source — um utilitário de informações baseado em texto que apresentava versões iniciais do e-mail, conferência e conteúdo, desde uma enciclopédia até cotações de ações. As falhas determinantes que limitariam a escala e a aceitação geral não eram tão óbvias naquela época. Por exemplo, à época, o sinal era transmitido a uma velocidade de 300 bauds. O que são 300 bauds? O equivalente a 300 bits de dados por segundo. Hoje, o conteúdo chega a 100 milhões de bits por segundo. Logo, a transmissão era realmente L-E-E-E-N-T-A. Quão lenta? Levava 40 horas para baixar uma música naquela época. E custava caro. A taxa de assinatura para o acesso aos serviços era de US$100, mais as taxas por hora que variavam de US$7 a US$20, dependendo do período do dia.

DÊ CONTINUIDADE AO TRABALHO DE OUTRAS PESSOAS

Ainda assim, respaldando esse serviço lento e caro, havia uma grande ideia: democratizar o acesso à informação e à comunicação. Foi essa *ideia* — à parte os problemas — que atraiu seguidores. Esses serviços tinham o potencial de igualar as condições de uma maneira que mudaria o modo como as pessoas viviam, trabalhavam e jogavam. Mas foi necessário um pouco de iteração.

Cheguei a mais um serviço online (fracassado) antes de me encontrar em uma startup que apresentaria algo novo ao mundo. Liderada por uma equipe fundadora de três pessoas — Steve Case, Marc Seriff e Jim Kimsey —, essa startup começou de onde outros pararam. Steve, que se tornaria CEO da AOL, foi brilhante em entender as deficiências das outras jovens empresas ao redor e conduziu a equipe por áreas em que os concorrentes não se desenvolveram. Isso incluía um preço acessível, interfaces gráficas atraentes e uma abordagem de "associação" que incentivava o engajamento, feedback e certo senso de comunidade. E funcionou. Depois das batalhas iniciais, chegamos a um ponto de inflexão e as pessoas aderiram — *muito* mais pessoas. No seu auge, a AOL tinha quase 30 milhões de assinantes e foi a primeira empresa de internet a abrir capital.

No entanto, a história da AOL não pode ser contada sem entender como ela se beneficiou dos desenvolvimentos e falhas dos serviços que vieram antes. Steve sabiamente conduziu a AOL a ser uma boa "esponja" — prestando atenção aos sinais do mercado e evoluindo constantemente para melhorar as ofertas. E, embora a AOL tenha apresentado muitas inovações empolgantes, também se beneficiou muito do que Steven Johnson chama de "avanços menores e incrementais".

Facebook, Google e Twitter, por sua vez, todos se beneficiaram das inovações que a AOL introduziu. Os fundadores de cada uma dessas empresas falaram sobre a AOL como uma influência inicial: por exemplo, Mark Zuckerberg "hackeou" o chat da AOL no ensino médio. Essas empresas representam uma parte do que a AOL trouxe ao mundo. O Facebook lembra uma versão mais atual das Member Pages da AOL, o Twitter, o sistema de mensagens instantâneas e o Google, os mecanismos de pesquisa iniciais da empresa. Os inovadores dão grandes saltos ou fazem uma Aposta Alta analisando quais esforços foram insuficientes e aprendendo com as lições desses fracassos.

Empreendimentos ousados possuem um poder catalítico: seu impacto é multiplicado por outras pessoas. O movimento do microcrédito foi iniciado por Muhammad Yunus, conferindo a ele um prêmio Nobel. Jessica Jackley lembra-se de estar na plateia quando o ouviu falar, descrevendo o poder do microcrédito para ajudar empreendedores inteligentes e esforçados em todo o mundo — empreendedores que também eram pobres.

Jessica estava tão animada com a perspectiva de participar dessa ideia que largou o emprego, se mudou para a África e lançou a Kiva. Ela não tinha muito com o que trabalhar a princípio — apenas uma câmera e um site. Mas ela e seu cofundador, Matt Flannery, começaram a partir daí, enviando histórias e fotos de pessoas que precisavam de pequenos empréstimos para amigos e familiares.

No final do primeiro ano, a empresa emprestara US$500 mil em pequenas quantias. E, embora tenha havido altos e baixos nos últimos 12 anos, hoje, mais de 2,5 milhões de mutuários de 83 países receberam mais de US$1 bilhão. Os valores dos empréstimos podem ser tão pequenos quanto US$25, e os projetos são baseados em financiamento coletivo, de modo que envolvem vários credores. E não são doações: a taxa de retorno é de 97%.

Aqueles que participam veem suas pequenas contribuições desencadearem um movimento mundial — como uma fábrica

DÊ CONTINUIDADE AO TRABALHO DE OUTRAS PESSOAS

têxtil fundada por uma ex-noiva criança, na Índia, financiada com um empréstimo de US$570 e que emprega duas pessoas e seu marido, e uma próspera fazenda de cabras na Cisjordânia, financiada com US$2 mil por 69 credores.

Fiquei impressionada como Jessica não se deixava intimidar pela falta de conhecimento e de posses. No começo, sabia que só conseguiria contar histórias e fazer fotos. Porém, com o tempo, conseguiu o mesmo impacto global que uma grande organização filantrópica — não com caridade, mas com incentivo. Os beneficiários de microempréstimos, que são modelos para começar exatamente onde está, também exercem um impacto muito além de suas pequenas empresas. Eles mostram aos outros em suas comunidades o que podem fazer.

As microempresas não criam oportunidades apenas em países subdesenvolvidos, mas também impactam positivamente todo o continente. As microempresas não fornecem apenas a renda extra que ajuda as pessoas a escapar da pobreza, mas levam produtos e serviços valiosos às comunidades carentes. Elas ajudam a revigorar cidadãos comuns que passam por dificuldades. De That's a Wrap!, uma loja de embrulhos para presentes em Atlanta, a BBQ Rowe, um serviço de bufê do Tennessee, a Mama Coo's Boutique, uma loja vintage em Detroit, todos podem começar um empreendimento voltado à cultura estadunidense, com criatividade, coragem e uma pequena ajuda de alguém disposto a fornecer um pequeno empréstimo.

• • •

É da natureza do meu marido testar inovações. Atualmente, Steve conduz uma iniciativa chamada Rise of the Rest, que financia empreendedores em todo o país. Andando de ônibus pelo litoral — em lugares que são ignorados pelos investidores, mas onde a grande maioria das empresas da Fortune 500 foram fundadas — e trazendo a imprensa e os investidores, ele passa uma semana nessas cidades buscando talento, inovação e oportunidades. Acho que Steve se inspirou em nossa turnê "Getting America Online", em nossos dias da AOL, que cruzou os EUA em busca daqueles que viram o futuro e queriam "embarcar".

Em toda cidade que visita, Steve descobre os que procuram fazer uma Aposta Alta, arrisca-se e ajuda novas empresas a prosperar. Pessoas como você e eu, que decidiram que agora é a hora de serem destemidas. Cidades do interior dos EUA têm se aglomerado em torno de empresários com novas ideias, e os investidores estão acordando também, percebendo cada vez mais os grandes talentos e empresas espalhados por todo o país.

A inovação é necessária em todos os lugares e não só acontece nos centros urbanos, como nas comunidades rurais. Justin Knopf, um jovem agricultor da quinta geração de sua família, pede aos agricultores que rejeitem parte da sabedoria convencional que dominou a agricultura por centenas de anos na esperança de salvar um dos recursos mais preciosos do planeta: o solo.

Como Miriam Horn explica em *Rancher, Farmer, Fisherman*, o apego de Justin à fazenda da família é profundo. Seus ancestrais vieram para o Kansas como proprietários e cultivaram a mesma terra por 160 anos. Na família Knopf, as lembranças do Dust Bowl, que destruiu bilhões de toneladas da superfície do solo do Kansas, nos anos 1930, não são facilmente esquecidas.

Embora não seja comumente entendida, a erosão do solo continua um desafio para os agricultores de hoje e representa uma grave ameaça ao futuro do planeta. Mais de um terço dos organismos da Terra vivem no solo, sustentando a preciosa fotossíntese que fornece alimento e oxigênio. Quando o solo é prejudicado, o resultado é o excesso de carbono na atmosfera.

DÊ CONTINUIDADE AO TRABALHO DE OUTRAS PESSOAS

A princípio, Justin não se interessava por ciência, mas se envolvia com trabalhos agrícolas e passou a entender os impactos da seca severa, das tempestades perigosas e do calor extremo. Quando tinha 14 anos, seu pai lhe deu um pedaço da própria fazenda para que ele cuidasse, e Justin vivenciou as lutas da terra com a natureza — o solo que era levado embora, ervas daninhas crescendo fora de controle e colheitas desalentadoras.

Mas o amor de Justin pela terra nunca hesitou. Após o ensino médio, ele foi para a Universidade Estadual do Kansas, onde foi exposto a um conceito radicalmente novo por um de seus professores: a preservação dos micróbios do solo. O professor incentivou seus alunos a adaptar seus métodos de cultivo para se concentrar na preservação. Mais ou menos na mesma época, Justin soube de um fazendeiro perto da cidade natal de um amigo da faculdade que estava evitando perdas tanto do solo quanto de água.

O interesse de Justin foi despertado. Ele e seu amigo atravessaram o Kansas até chegar a Nebraska, onde Justin teve o que mais tarde chamou de "momento alvorada". A técnica que testemunharam em Nebraska, "no tilling", utilizava máquinas que permitiam o plantio sem a lavragem, preservando a rica biodiversidade do solo praticamente inalterada. O no-till farming também consistia na rotação de colheitas para acumular os nutrientes no solo e limitar as infestações.

Justin não acreditava no que via. Compartilhou notícias sobre essas técnicas com seu pai e seu irmão e elaborou um plano para testar a nova abordagem em uma área limitada. Eles concordaram em testar uma pequena área de 5,7 hectares, e prosseguir de acordo com os resultados. Apenas alguns anos depois, Justin obteve o triplo dos rendimentos em seus campos usando essa nova técnica, e, em pouco tempo, mais dos 1.800 hectares da fazenda foram cultivados usando o processo no-till farming.

Desde o começo, Justin foi reconhecido como um líder no movimento no-till farming, espalhando seu conhecimento para ajudar os outros a aprender práticas sustentáveis para conservar os solos e, ao mesmo tempo, aumentar os rendimentos. Sua paixão por proteger os preciosos recursos naturais o levou a Washington, D.C., para aconselhar políticas e transformou-o em um verdadeiro defensor do que é hoje um movimento em expansão.

A história de Justin nos lembra de que sempre há espaço para novas ideias, mesmo em alguns dos setores mais tradicionais. Mas expressa também o valor do risco ponderado versus o "aposte tudo", ao levar novas ideias adiante. Justin espera inaugurar uma nova era agrícola para atender às demandas de um mundo cada vez mais populoso. É impressionante a frequência com que empreendimentos corajosos surgem de problemas que dizem respeito ao lar. Considere Alexander Graham Bell (que, a propósito, foi presidente da National Geographic Society em seus primeiros anos). Sua mãe perdeu a audição quando ele tinha 12 anos, e ele passou seus anos de juventude tentando encontrar técnicas para se comunicar com ela.

Seu foco em som e comunicação resultou de sua luta pessoal e ele transformou sua paixão em uma carreira, ajudando os deficientes auditivos como renomado professor de surdos em Boston, ao mesmo tempo que desenvolvia inovações para ajudar essa comunidade a se comunicar. Muitos acreditam que foi seu casamento com uma de suas alunas, Mabel Hubbard, uma jovem que perdeu a audição aos cinco anos, que reforçou sua conexão com esse campo e consolidou seu trabalho comercial. Poucas invenções mudaram o mundo tanto quanto o telefone de Alexander Graham Bell, mas o que muitas vezes se perde na narrativa é que tudo começou com um problema que Bell tentava resolver.

NOVE

ARRISQUE-SE OU ARREPENDA-SE

Na década de 1980, quando eu era gerente de marketing da GE, achei que minha carreira estava em um bom caminho. O treinamento de desenvolvimento gerencial da GE era mundialmente reconhecido e tive a sorte de ter sido escolhida para ele — em geral, isso indicava um futuro brilhante. Então, recebi uma ligação. Uma startup em ascensão estava interessada em me contratar para liderar o setor de marketing.

O produto em que eu estava trabalhando na GE era um serviço online, conhecido como GEnie. É por isso que eu estava na GE, antes de mais nada. Cheguei à empresa convencida de que o poder e os orçamentos impressionantes de uma marca tão respeitada atrairiam mais público online, fazendo com que o GEnie dominasse o mercado. No entanto, estabelecida em minha função, comecei a ver as coisas de maneira diferente.

O domínio da GE em outros mercados limitou seu interesse em assumir grandes riscos nessa nova área emergente. Os grandes orçamentos de marketing que me haviam prometido vinham com descontos inesperados. Os orçamentos para os produtos e serviços estabelecidos pela empresa eram determinados com base na receita que traziam. O GEnie era um produto novo, por isso todo o meu departamento acreditava que os investimentos no GEnie renderiam receitas. Ele não estava vendendo bem no mercado proposto. Eles acreditavam que os recursos deveriam ser investidos em projetos certos, não em platonismos.

De repente, a ideia de ir para uma startup que acabara de levantar uma nova rodada de capital parecia um caminho mais certo à construção de um mundo mais conectado. Contudo, fiquei surpresa com a reação dos mais próximos a mim. "Deixar seu trabalho na GE? Você está louca?", perguntavam, estridentes. "Você não sabe nem se essa nova empresa ao menos sobreviverá. Por que colocar tudo em risco?" Comecei a duvidar de mim mesma. Mas foi o risco de *não* correr o risco que me levou à decisão. Entrei para a empresa que se tornaria a AOL e ajudei a elaborar um serviço que fez parte da revolução da internet e mudou muitas vidas.

Olhando para trás, não trocaria essa experiência por nada nesse mundo. Mas naqueles primeiros dias, quando tentamos atrair mais talentos para a startup, nos deparamos com pessoas que não estavam dispostas a arriscar algo bom pela possibilidade de algo extraordinário. Aqueles que perderam a oportunidade de dar uma volta em nosso foguete geralmente compartilham comigo seus sentimentos de arrependimento até hoje.

A importância de assumir riscos não é apenas uma questão de negócios, é uma questão de *vida*. É um fator crucial na criação dos filhos, por exemplo. Cada vez mais, as pesquisas reconhecem a importância de permitir que as crianças assumam riscos como uma parte importante do seu desenvolvimento. Como mãe, evitei isso quando meus filhos eram jovens. Como meu primeiro instinto era ser protetora, nem sempre era confortável deixar meus filhos correrem riscos. A ironia foi que reconheci claramente que os riscos que tive permissão para tomar quando

ARRISQUE-SE OU ARREPENDA-SE

criança ajudaram a desenvolver minha resiliência e independência. Às vezes, a influência de outras pessoas — parceiros, amigos, familiares etc. — traz uma perspectiva diferente para ajudar a encontrar o equilíbrio. E até mesmo acompanhar pesquisas importantes pode encorajar os pais a permitir riscos razoáveis na vida das crianças.

A *Psychology Today* publicou um artigo chamado "O Jogo do Risco: Por que as Crianças o Amam e Precisam Dele", do Dr. Peter Gray, que afirma: "Privamos as crianças de brincadeiras livres e arriscadas, supostamente para protegê-las do perigo, mas, ao fazê-lo, estimulamos colapsos mentais. As crianças são projetadas por natureza para aprender por si mesmas sobre a resiliência emocional, jogando de maneira arriscada e provocando emoções. Em longo prazo, os colocamos em risco muito mais ao evitar tais brincadeiras. E nós os privamos da diversão."

• • •

É fácil se deixar levar pela proteção do status quo, ou o que parece confortável, em vez de seguir um caminho diferente. No entanto, como Josh Linkner diz em seu livro *The Road to Reinvention*:

> *"Jogar de forma segura tornou-se imprudentemente perigoso."*
> — JOSH LINKNER

Considere a lição da Kodak. A história da empresa começa com a sua fundação, por George Eastman, em 1888. Com a fotografia sendo uma arte ainda jovem, Eastman viu a oportunidade de democratizá-la, levando-a para além do seu uso limitado nos estúdios profissionais. Em 1900, a Kodak lançou uma câmera para amadores, leve e fácil de manusear, conhecida como

Brownie, que era vendida por um dólar. Para a Kodak, foi o filme usado na câmera, então vendido por apenas 15 centavos, que gerou os lucros recorrentes que permitiram à empresa crescer e inovar. A Kodak se tornou um ícone tão forte da fotografia que a frase: "É um momento Kodak" era usada para descrever momentos memoráveis.

Então, na década de 1970, um engenheiro da Kodak, Steve Sasson, e o técnico chefe da empresa, Jim Schueckler, testaram uma nova tecnologia que geraria imagens em uma tela sem o uso de filme. Considerando que a empresa era sustentada pela venda de filmes, o experimento era destemido por si só.

A Kodak tinha uma receita de bilhões de dólares e detinha 70% de participação no mercado de filmes. Deveria arriscar todo seu potencial em um novo mercado que prejudicaria seu empreendimento principal? No final, a empresa não conseguiu se adaptar. Preocupada em proteger seu lucrativo negócio de filmes, a empresa demorou a adotar a revolucionária imagem digital e não investiu adequadamente, deixando a porta aberta para que os concorrentes interviessem.

E eles intervieram. Uma concorrente japonesa, a Fujifilm, dominou a fatia de mercado da Kodak, oferecendo um produto de preço inferior. Enquanto isso, o mercado digital estava explodindo — em 2003, as câmeras digitais superaram as câmeras de filme e a Kodak enfrentou dificuldades. Em 2012, a empresa entrou com um pedido de falência. A mesma empresa que democratizou a fotografia no século XIX recusou-se a assumir o risco de dar o próximo salto para o século XXI.

O oposto da Kodak é uma empresa como a Netflix, que passou por várias iterações, mudando completamente seu modelo de negócios para se manter no topo das tendências. No início, os cofundadores Reed Hastings e Marc Randolph adotavam uma premissa simples para a empresa: locação amigável ao cliente, que oferece filmes em casa.

Quando teve que pagar US$40 a uma locadora por ter perdido a fita cassete do filme *Apollo 13,* Hastings teve a brilhante ideia de cobrar uma taxa mensal aos clientes e fazer com que devolvessem as locações anteriores para adquirir novas.

Por assumir a filosofia da esponja e observar as deficiências da concorrência, a Netflix criou uma experiência de consumo tentadora, conveniente, rápida, acessível, com devoluções facilitadas, sem multas por atraso e com uma grande biblioteca de títulos. A Netflix foi tão bem-sucedida que acabou com o modelo tradicional de locação de filmes, e grandes empresas como a Blockbuster faliram.

No entanto, a equipe da Netflix se recusou a se acomodar, elaborando um novo serviço de streaming para afastar os concorrentes e manter a liderança no setor de vídeo. A transição não foi tão natural quanto Reed Hastings gostaria: houve o agora famoso pedido de desculpas aos clientes devido às alterações na estrutura de preços que acabaram os afastando. Porém, ao dar um salto corajoso para o streaming, a Netflix continuou a inovar. Em 2013, a empresa tinha mais clientes do que nunca. Foi uma grande e arriscada pivotagem — e valeu a pena.

A Netflix poderia ter continuado como um serviço de streaming de vídeo bem-sucedido, mas decidiu dar outro salto que muitos pensavam ser loucura: desenvolver conteúdo próprio. Mais uma vez, houve previsões de desgraça. Como um serviço de streaming competiria com emissoras, ou com a HBO e a Showtime? O segredo foi a programação de alta qualidade, começando com *House of Cards* e *Orange Is the New Black.* A

Netflix equiparou-se à indústria dominante de filmes e séries, e se saiu tão bem que outras empresas, como a Amazon, seguiram o exemplo. Há poucas dúvidas de que, quando o mercado de conteúdo próprio saturar ou não for mais vantajoso, Reed Hastings explorará a pivotagem novamente.

O que nos lembra de outra história de pivotagem por excelência. Não foi há muito tempo que uma plataforma de podcasting chamada Odeo foi apresentada ao mundo. Graças a um histórico e plano de negócios sólidos, os fundadores da Odeo foram bem-sucedidos em obter capital inicial. Mas, quando começaram a conquistar certa base de clientes, a Apple anunciou que incluiria podcasts em sua bem estabelecida plataforma, iTunes, empurrando a Odeo para fora do mercado.

Quase da noite para o dia, a Odeo, liderada pelo CEO Evan Williams, percebeu que precisava encontrar outra funcionalidade para sua plataforma, o que criou um desafio para os funcionários. Os três membros da equipe, que se tornaram lendas, Jack Dorsey, Biz Stone e Noah Glass, criaram o conceito de micromensagem: atualizações curtas que continham 140 caracteres e poderiam ser enviadas para um amigo ou "seguidores" na plataforma. A Odeo redefiniu sua missão: dar a todos o poder de criar e compartilhar ideias e informações instantaneamente. Essa rápida pivotagem criou a empresa que conhecemos hoje como Twitter.

E aqueles que não assumem riscos? A Sony Pictures lamentará por muito tempo seu fracasso de 1998 em fazer um acordo que lhe daria os direitos de filmagem dos super-heróis dos quadrinhos da Marvel. Quando o estúdio a abordou para adquirir os direitos do Homem-Aranha, a Marvel, que à época enfrentava dificuldades, ofereceu os direitos de filmagem de todos os personagens não licenciados, como Homem de Ferro, Thor e Pante-

ARRISQUE-SE OU ARREPENDA-SE

ra Negra, por US$25 milhões. A Sony recusou, e optou apenas pelo Homem-Aranha, pois não estava disposta a se arriscar com personagens secundários. A Marvel vendeu à Sony os direitos do Homem-Aranha por US$10 milhões e 5% dos lucros brutos.

A Sony colocou a Marvel no caminho improvável de se tornar um sucesso dos cinemas, tão bem-sucedida que foi comprada pela Disney, em 2009, por mais de US$4 bilhões. A Marvel sabia o que a Sony não conseguia entender e não arriscaria: que havia público para uma série de personagens. O estrondoso sucesso da Marvel, *Pantera Negra*, não foi apenas um êxito financeiro, mas, com seu elenco quase inteiramente negro, também um fenômeno cultural. Em um mês de lançamento, faturou US$1 bilhão em todo o mundo, e agora é o terceiro filme de maior bilheteria de todos os tempos nos EUA.

Havia outro grande agente nos bastidores dessa trama — a Walt Disney. A empresa foi esperta o suficiente para adquirir a Marvel assim que começou a prosperar, e na última década, sob a liderança do CEO Bob Iger, a Disney passou por uma reinvenção radical para ficar à frente dos tempos. Iger enfrentou ameaças de todos os lados — o crescimento dos serviços de streaming nem era a maior delas — mais voltado ao futuro do que ao passado. Ele reconhece que a "marca" da Disney, construída e cultivada de maneira tão icônica por Walt Disney, precisa acompanhar o ritmo de um mercado que muda rapidamente. O sentimentalismo pode levar à paralisia e ao pensamento limitado. Iger está determinado a não deixar isso acontecer com a empresa.

> *"Se você quer prosperar em um mundo fragmentado, deve ser amplamente adepto a não ficar parado."*
>
> — BOB IGER

Até mesmo indivíduos, com frequência, não estão dispostos a arriscar o que conquistaram. Não é de se surpreender que tantas inovações surjam de situações desesperadoras, em que há pouco a perder. Quanto mais sucesso acumulamos, menos dispostos estamos a arriscá-lo.

Dito isso, é claro que a disposição das pessoas e das organizações para experimentar inovações varia, por isso é importante avaliar sua capacidade de assumir riscos. Em toda a história há ideias e empresas com grandes projetos que falharam e foram esquecidos. E para cada AOL, há muitos exemplos de empresas e ideias que seguiram o caminho da The Source e da GEnie, duas iniciativas online que não foram bem-sucedidas. Depois de conhecer sua capacidade de assumir riscos, organize-se de maneira a atendê-la, limitá-la ou expandi-la. Comece descobrindo quem você é. Em seguida, encontre sua coragem.

Para muitos, os arrependimentos geralmente não estão ligados a coisas que fizeram, mas àquelas que gostariam de ter feito. Existe uma Aposta Alta ou um empreendimento audacioso que chame sua atenção, mas você se convenceu de que não pode ser feito? As histórias deste capítulo demonstram o poder de aproveitar o momento e destacam o arrependimento resultante da escolha de um caminho mais confortável ou de ignorar a voz que o chama para algo transformador. Quando você considerar sair da sua zona de conforto e tentar algo novo para alcançar sua Aposta Alta, faça questão de anotar a desvantagem de *não* correr o risco.

DEZ

AGORA VÁ E ENCONTRE A "ZONA DE CORAGEM"

Eis a realidade: os grandes acontecimentos não se originam na zona de conforto. Isso se comprova tanto no âmbito pessoal quanto no profissional. É na "zona de coragem" que vemos as grandes conquistas acontecerem. Você pode mensurar os riscos ou experimentar até acertar. Mas, seja qual for seu processo, embarcar em um experimento cujo resultado você não pode prever exige coragem.

Em seu livro *Stop Playing Safe*, a autora Margie Warrell apresenta a ideia de passar de uma mentalidade de *medo* para uma de *coragem*. Ela escreve que o processo começa com um desafio básico: "Descubra seu propósito." Isso significa que a coragem de implementar ações ousadas surge quando você está sintonizado consigo e com o que é importante. Warrell observa que estudos feitos em todo o mundo mostram que até 50% da força de trabalho global não acredita na importância do que faz. Você não alcançará grandes realizações se não buscar o que é importante para você.

Em um mundo centrado em metas, é comum conceber o sucesso como um ponto de conforto. Para muitos, estabelecer-se em determinada carreira é o verdadeiro desafio. Em períodos difíceis, é fácil protelar um grande objetivo se as preocupações cessarem. Mas se você deseja transformar o mundo a partir de uma ideia ousada, precisa continuar se esforçando.

É essa constante aventura que lhe distingue. Mas isso não significa que você tenha que pular do próximo penhasco que vir. Comece se tornando um bom observador. Tome nota quando testemunhar uma ação ousada, e tome pequenas decisões ousadas todos os dias. Quando você conquista algo que não se acha capaz, isso o fortalece para a próxima.

Experimentos acontecem ao nosso redor. Mas nesse mundo dinâmico, não podemos esperar por um estudo aprofundado e um grupo de testes. Não podemos esperar pelo conjunto de circunstâncias perfeitas — ainda durante o fim de um experimento, precisamos planejar o próximo. E quando pensamos que certa intervenção está funcionando, temos que dar uma olhada no futuro para ver quais novas dinâmicas podem desafiar nossas suposições ou fornecer uma solução ainda melhor. É esse tipo de pensamento que mantém empresas como a Apple à frente, enquanto agentes menos ágeis e, muitas vezes, maiores, ficam para trás. É assustador mudar seu plano de negócios ou seu plano de vida no meio do caminho, mas quem de nós preferiria ser a Blockbuster em vez da Netflix?

> *"Você deve fazer aquilo que não acredita ser capaz."*
> — ELEANOR ROOSEVELT

AGORA VÁ E ENCONTRE A "ZONA DE CORAGEM"

Dito isso, lembre-se de que ousadia não é imprudência. Considere lições de empresas como a Zappos e seja ousado, um passo de cada vez. Avance com convicção. Deixe a iteração ser sua amiga. O progresso geralmente se origina de considerar lições e corrigir suas falhas com uma aposta mais alta e ampla.

Caso haja um problema que você queira muito resolver — seja em um novo negócio, um novo produto ou um novo empreendimento social — antes de tomar qualquer outra decisão, informe-se sobre quem fez o quê para tentar resolvê-lo. Aprender sobre o que já foi tentado provavelmente fará com que você economize tempo e dinheiro. Analise os sucessos e os fracassos. Lembre-se de que não é preciso ser um gênio para realizar algo grandioso. Basta aderir à filosofia da esponja e seguir a partir daí.

A verdade é que estive desconfortável com o risco durante a maior parte da minha vida. Ainda tenho dificuldades para ser destemida. Mas o que *posso* fazer é encontrar a disciplina para enfrentar meus medos e dar os primeiros passos à frente. Meu palpite é que você também pode.

PARTE TRÊS

APROVEITE O FRACASSO

Quebre a cara e aprenda

Fracasse como os gigantes

Enfrente as adversidades

Mire o futuro

Agora vá e aproveite o fracasso

ONZE

QUEBRE A CARA E APRENDA

Meu coração ainda acelera quando falo sobre minhas falhas. Não estou exagerando. É fácil se deixar abater pela insegurança, recriminações e até mesmo pelo desespero. Todos já sentiram essa sensação em algum momento da vida — todos! É o que acontece depois disso que define a experiência. Embora nem todos os fracassos tenham um final feliz, a maioria dos finais felizes tem uma história de fracasso.

Se você analisar a jornada de alguém que alcançou algo extraordinário, encontrará uma história de fracasso em algum momento. Às vezes, é necessário procurar bem, pois, com frequência, à medida que as pessoas avançam pela vida, filtram suas histórias, fazendo tudo parecer cuidadosamente planejado.

Contudo, prestamos um desserviço aos outros — principalmente aos jovens — se não formos honestos a respeito de nossos fracassos. Quando palestro nos campi universitários, abro mão de alguns tópicos para falar sobre meu histórico de fracassos, relatando o que não deu certo em minha jornada profissional, incluindo alguns fracassos épicos. Costumo fazer isso depois de ser brilhantemente apresentada, e, quando conto meus fracassos, o primeiro sentimento que percebo da plateia é descrença.

Ao prosseguir, no entanto, percebo outra emoção nos rostos dos estudantes: alívio. Eles percebem que alcançar algo melhor depois do fracasso é normal, ou como diz o provérbio japonês: "Se cair sete vezes, levante-se oito."

> *"Somente os que fracassam grandiosamente crescem grandiosamente."*
> —— ROBERT F. KENNEDY

Todos enfrentamos fracassos pessoais, seja no casamento, em relacionamentos, em situações sociais ou deixando os outros para baixo. Certamente, esses são os mais dolorosos. No entanto, os fracassos em nossas vidas profissionais tendem a ser públicos. Sei por experiência própria. Quando enfrentei um dos mais difíceis fracassos da minha carreira, percebi que precisava fazer uma escolha: eu podia tentar ignorá-lo, disfarçá-lo ou esclarecê-lo.

O projeto em questão, PlayPumps, foi uma das iniciativas mais ambiciosas e empolgantes lançadas na Case Foundation. Nosso objetivo era levar água potável a dez países subsaarianos e centenas de aldeias. Adoramos a tecnologia — uma maneira de gerar água limpa usando gira-giras infantis para bombear a água. Pense no carrossel como um moinho de vento. Sabíamos que as pessoas precisavam de água limpa e que as crianças adoravam brincar. O projeto parecia matar dois coelhos em uma cajadada.

Quando a tecnologia nos foi apresentada e vimos o modelo de negócios para sua implementação, acreditamos que tinha um potencial enorme. Nos engajamos para fundar a PlayPumps International – US como organização de levantamento de fundos e de marketing para apoiar a iniciativa. Lançamos o projeto de forma chamativa na Clinton Global Initiative de 2006, com a primeira-dama Laura Bush do meu lado e o ex-presidente Bill Clinton do outro. No palco, estavam também meu marido, Steve, e o colega filantropo Ray Chambers (atual Special Envoy for Health do secretário-geral da ONU).

Houve muita empolgação a respeito dessa nova tecnologia. Dezenas de parceiros se juntaram a nós para apoiar a iniciativa. Houve alguns contratempos nos primeiros anos, mas trabalhávamos pacientemente com os apoiadores para acertar o passo e nos sentíamos bem com o progresso.

Contudo, com o passar dos anos, as dúvidas continuaram a aparecer e percebemos que o programa não estava atendendo aos altos padrões exigidos. Nossa equipe passou um ano tentando resolver algumas das deficiências relatadas no solo para que pudéssemos colocar a iniciativa de volta nos trilhos. Chegamos à conclusão de que não poderíamos garantir a escala ou a qualidade do programa em campo. Nós tínhamos que escolher entre três alternativas.

Uma era continuar seguindo uma lógica que as evidências sugeriam ser imprudente. A segunda era cancelar o projeto e investir o tempo e o capital em outro lugar. E a terceira opção era dar um passo para trás, reagrupar-se e tentar avançar de maneira inovadora e mais eficaz. Decidimos que a terceira opção era o caminho certo a seguir. Afinal, nossa crença de que a água limpa é um dos grandes tópicos do nosso tempo não mudou. Mas precisávamos reconhecer que provavelmente havia maneiras melhores de promover esse tópico. Em maio de 2009, nossa diretoria tomou a decisão destemida de tomar um outro rumo.

Lembro-me de estar sentada ao redor da mesa, discutindo como faríamos o comunicado. Temos paredes de vidro na Case Foundation, e todos que olhavam para nós viam nosso desalento.

Foi excruciante, porque, na iniciativa sem fins lucrativos, ninguém quer falar sobre fracasso. Discutimos recuar em silêncio, na esperança de que talvez o fracasso escapasse do escrutínio público. Mas, no final, deveríamos reconhecer que a oportunidade que perseguíamos se transformou em um desafio que não poderíamos cumprir. Esperávamos que, ao reconhecer nossas deficiências, compartilhássemos lições permitindo que nós e outras pessoas tentassem novas abordagens que funcionassem melhor.

Com o coração na garganta, decidi difundir o pronunciamento para o maior público possível — descrevi o fracasso no artigo: "O Doloroso Reconhecimento do Fracasso." Ao terminar de escrever, tive um momento de medo quando percebi que o difícil mesmo seria anunciar ao mundo: "Nós falhamos!"

O que eu não sabia enquanto estava lá, aterrorizada demais para apertar o botão "enviar": assim que meu artigo aparecesse online, eu começaria a receber e-mails e telefonemas de pessoas de toda a área me agradecendo por ter assumido o insucesso de maneira tão pública, e por revelar o quão difícil é acertar quando você enfrenta desafios tão árduos.

Refletindo sobre nossa decisão de ter sido tão transparentes, percebo que, por mais difícil que tenha sido, esse momento representou o início da iniciativa Não Tenha Medo. E uma nova sugestão surgiu de alguns que responderam — a criação de uma "mesa protegida" para que parceiros se reunissem e discutissem os próprios fracassos, compartilhando o aprendizado.

A ideia vingou, e alguns dos primeiros encontros se tornaram reuniões mais amplas. Eram "festinhas do fracasso", em que reconhecíamos abertamente que, ao tentar inovar e resolver grandes problemas, nem sempre acertávamos. Eles representavam um compromisso de aproveitamento do fracasso, permitindo que outros aprendessem com nossos erros.

Também mudamos a forma como avaliávamos os resultados de nosso trabalho na Case Foundation, usando uma escala de avaliação por cores: verde, amarelo e vermelho. O verde indicava que nossos projetos estavam indo bem. O amarelo, que ajustes eram necessários. Bandeiras vermelhas, que uma iniciativa era passível de fracasso. Surpreendentemente, uma revisão anual em que não vi nenhum vermelho entre as várias iniciativas me deixou preocupada. Tive uma discussão franca com a equipe, ressaltando que, se não tivéssemos pelo menos alguns vermelhos em nosso portfólio, não estaríamos sendo ousados o suficiente.

Nós, da Case Foundation, não gostamos de falhar tanto quanto qualquer um, mas sabemos que se perseguirmos resultados extraordinários, devemos assumir riscos extraordinários. Ninguém é demitido nem fica estagnado por não bater a meta, se fizer sua parte. Em vez disso, há uma recompensa por ir além e fazer Apostas Altas, correr riscos e formar parcerias improváveis.

Às vezes, pivotar o fracasso ajuda outros a acertar onde nós erramos. Depois de suspender o PlayPumps, criamos uma parceria com a Water For People, que o adicionou a um portfólio de soluções que as comunidades rurais africanas poderiam escolher. É um processo que a especialista em filantropia, Lucy Bernholz, descreveu como "aprender com os erros".

Como o trabalho do setor social geralmente impacta diretamente as pessoas, e as ONGs são amplamente dependentes do apoio dos doadores, tende a haver menos tolerância a erros, o que leva muitas organizações a se tornarem avessas ao risco e a ocultar as falhas. Mas quando as ONGs não são transparentes sobre seus fracassos, privam outras de lições necessárias.

Aproveitar o fracasso também é importante no setor privado. Considere qualquer grande negócio atualmente: há grandes chances de que, em seu caminho para o sucesso, tenha passado dificuldades que exigiram novas ideias e adaptações importantes. Anteriormente, neste livro, apresentamos o projeto X, liderado por Astro Teller. Astro não fica apenas confortável com o fracasso — ele e seu laboratório o perseguem.

Espera-se que os funcionários do X falhem — é assim que se descobre o que funciona. "O produtor de moonshots é um lugar bagunçado", disse Astro na empolgante palestra TED "O Inesperado Benefício de Celebrar o Fracasso". "Porém, em vez de evitar a bagunça e fingir que ela não existe, fazemos com que seja nossa força. Passamos a maior parte do tempo quebrando coisas e tentando provar que estamos errados. É isso, esse é o segredo. Passe pelas partes mais difíceis do problema primeiro. Anime-se com a pergunta: 'Ei! Como vamos destruir nosso projeto hoje?'"

Astro não está exagerando. "Trabalhamos com afinco no X para que seja seguro falhar", diz. "As equipes destroem suas ideias assim que a evidência é apresentada, pois são recompensadas por isso. Eles são aplaudidos pelos companheiros e recebem abraços e cumprimentos de seus gerentes, principalmente de mim. Eles são promovidos por isso. Premiamos todas as pessoas em equipes que acabaram com seus projetos, desde duplas até equipes com mais de 30 pessoas. Acreditamos em sonhos no produtor de moonshots. O ceticismo entusiasta não é inimigo do otimismo sem limites, mas seu parceiro perfeito." Não é por acaso que Astro foi apelidado como "o pai do fracasso moderno".

No entanto, Astro segue os passos de grandes inventores. Thomas J. Watson Sr., que construiu a IBM, disse certa vez: "Se você quiser ter sucesso, dobre sua taxa de insucesso." Um bom conselho — e Astro sabe. Louis V. Gerstner Jr., que liderou a IBM durante a transição mais difícil para a era da informática e escreveu o livro *Quem Disse que os Elefantes Não Dançam?*, sobre suas experiências, conta uma história sobre Watson.

QUEBRE A CARA E APRENDA

Nos anos que sucederam a Grande Depressão, Watson aumentou os estoques da IBM, esperando um aumento na demanda por máquinas de escritório. Ele estava contando com uma oferta do governo de US$1 milhão, quantia alta para a época. Mas seu vendedor não conseguiu o contrato. Envergonhado, o homem apareceu no escritório de Watson e lhe entregou uma carta de demissão. "O que aconteceu?", perguntou. O vendedor contou detalhadamente, observando onde havia cometido erros e o que poderia ter feito diferente. Quando terminou, Watson devolveu a carta de demissão e disse: "Por que eu aceitaria isso quando acabei de investir US$1 milhão em sua educação?"

A IBM tem sido modelo de audácia por mais de um século. Sob a liderança de Watson, aderiu ao pagamento igualitário entre gêneros, em 1935! E posicionou-se contra a segregação no sul dos EUA, em 1956, tornando-se uma das primeiras empresas a fazê-lo. Também foi uma das primeiras a incluir a orientação sexual como parte de suas políticas de não discriminação. Socialmente responsável e consistentemente inovadora, a IBM definitivamente incorpora o espírito de seu líder de longa data. E hoje, Ginni Rometty continua essa tradição como a primeira mulher a ser presidenta e CEO da IBM.

• • •

Meg Whitman, única mulher a ter liderado duas grandes corporações estadunidenses, demonstrou a própria coragem ao reconhecer publicamente suas falhas. Enquanto era CEO do eBay, em 1998, Meg precisou optar entre investir em atualizações para o site do eBay ou em um novo e emergente mercado de internet: o Japão. Ela escolheu o investimento no site. "Essa mancada do eBay no Japão é um dos grandes fracassos do meu tempo na empresa", disse em entrevista à CNBC. À época, o eBay era uma jovem startup com apenas US$5 milhões em receita e lutava para expandir o negócio. E, embora a falha tenha custado à empresa uma liderança inicial em um mercado importante, sob a liderança de Meg, o empreendimento cresceu, alcançando mais de US$8 bilhões em vendas e com operações em mais de 30 países.

Depois do eBay, Meg resolveu se candidatar ao governo da Califórnia, em 2010, e fracassou. Nomeada CEO da Hewlett-Packard depois de perder a candidatura, ela levou essas lições de fracasso para seu novo cargo executivo. "Coloquei tudo o que tinha na campanha", disse à CNBC. "Mas não funcionou do jeito que esperava. Aprendi muito e acho que isso me tornou mais forte pessoal e profissionalmente."

Cada um de nós deve perguntar a si mesmo se, diante do fracasso, tentaríamos novamente. Talvez você nunca tenha falhado e ache esse conselho irrelevante. Mas um dia *você falhará*. E eu *quero* que você falhe. Falhe rápido, siga em frente, aproveite o fracasso e faça algo realmente grandioso.

Eu gosto de fracassar? Detesto. O ponto não é glorificar o fracasso ou usá-lo como desculpa, mas reconhecer que as conquistas geralmente acontecem depois dele. Então, se acontecer, aprenda com ele e permita que a experiência de superá-lo energize você e o conduza ao sucesso. O fracasso só se torna positivo quando você o aproveita.

DOZE

FRACASSE COMO OS GIGANTES

Atribui-se a Albert Einstein a seguinte frase: "O fracasso é o sucesso em progresso." Porém, muitos têm dificuldade em aceitar que suas falhas significam mais do que constrangimento e perdas. Eu entendo. Somos tão moldados pela linguagem do sucesso que os erros parecem eventos desastrosos. Quando algo dá errado, todos logo procuram a quem culpar. Duvido que o funcionário da Agência de Gerenciamento de Emergências do Havaí, que erroneamente pressionou um botão de alerta nuclear em janeiro de 2018, coloque isso em seu currículo. Mas seu erro levou a aprimoramentos no sistema que podem salvar vidas.

Muitas das pessoas que mais admiramos alcançaram o sucesso superando os fracassos, pois eles provocaram grandes reviravoltas. Quando a jovem Oprah Winfrey atuou como âncora secundária das notícias locais na WJZ-TV, em Baltimore, os telespectadores não sabiam o que esperar dela. Ela se acostumou a ouvir: "Quem é essa tal Oprah?" Sua parceira ficava incomodada por estar ao lado dela, e a emissora a retirou do cargo depois de apenas sete meses e meio. Foi um fracasso público, muito difícil de superar. Ela ainda se lembra de se sentir humilhada e devastada. Mas então a emissora a colocou em um famoso talk show, chamado *People Are Talking*, e Oprah percebeu que tinha um talento que desconhecia.

No formato talk show, sua personalidade e calor brilharam. Hoje, Oprah é uma das executivas de negócios mais poderosas do mundo, e diz ter conseguido isso sendo fiel a si mesma. Em um discurso de formatura na Universidade de Harvard, em 2013, ela disse aos alunos: "O fracasso é apenas a vida tentando nos mover para outra direção. Quando você está no fundo do poço, parece um fracasso. E quando você está lá, quando esse momento chega, não há problema em se sentir mal. Dê a si mesmo tempo para lamentar e refletir, mas, então, eis o segredo: aprenda com cada erro, porque toda experiência, encontro e particularmente seus erros estão aí para ensiná-lo e forçá-lo a ser cada vez mais você mesmo. E, em seguida, descubra qual é o movimento certo. A arte da vida consiste em desenvolver um GPS interno, moral e emocional, que lhe diga qual caminho seguir."

> *"Faça exatamente aquilo que você não acha que é capaz. Fracasse. Tente de novo. As pessoas que nunca despencam são aquelas que nunca alcançam as alturas."*
> —— OPRAH WINFREY

A rejeição é dolorosa, mas estimula a criatividade. Steven Spielberg foi uma criança solitária. Tendo sido criado como judeu ortodoxo, afirma muitas vezes ter sido alienado por seus colegas de classe e sofrido bullying. Sonhava em se tornar cineasta e fez pequenos filmes caseiros. Batalhou para estudar — era disléxico — e se formou no ensino médio com notas medíocres.

FRACASSE COMO OS GIGANTES

Sua solicitação para ingressar na escola de cinema da Universidade do Sul da Califórnia foi rejeitada, o que o levou para a Universidade do Estado da Califórnia, em Long Beach, onde conseguiu um estágio na Universal Studios. Lá seu talento floresceu e ele recebeu um contrato de direção. Em seguida, abandonou a faculdade e iniciou sua carreira no cinema.

Hoje, Steven é conhecido por grandes títulos como *E.T.*, *Tubarão*, *Os Caçadores da Arca Perdida*, *Lista de Schindler* e *Resgate do Soldado Ryan*. (O filme *E.T.*, que em sua essência é sobre crianças perdidas e solitárias, foi inspirado pelo divórcio de seus pais.) Mas ele também teve sua cota de fracassos, que não são comentados. Os críticos unanimemente criticaram sua comédia de 1979 sobre a Segunda Guerra Mundial, *1941*, por exemplo. Mas Steven diz que se orgulha de todos os filmes que já fez. Ele é capaz de abraçar a calamidade e usá-la como fonte de criatividade. Em suas palavras: "Uma vez por mês o céu despenca em cima de mim. Eu me recupero e encontro outro filme que quero fazer."

● ● ●

Certa vez, um professor disse que Thomas Edison era "muito estúpido para aprender", e o início de sua carreira foi difícil, com vários fracassos marcantes. Suspeita-se que tenha sido demitido de vários trabalhos. Então, como ele teve força para continuar? Thomas credita sua mãe por incentivá-lo veementemente. Depois de milhares de tentativas com a lâmpada, o fracasso de Edison se tornou tão notório que o episódio em que um repórter de jornal certa vez o perguntou se ele estava pronto para desistir se tornou famoso. Sua resposta foi: "Eu não falhei. O que fiz foi encontrar dez mil maneiras que não funcionam. Estou quase conseguindo." Ele não desistiu. O que se sucedeu conhecemos pela história.

APROVEITE O FRACASSO

No entanto, para que você não pense que o fracasso sempre vem antes do sucesso, considere Steve Jobs, o revolucionário fundador da Apple. Steve vivenciou seu maior fracasso *depois* de ter alcançado o sucesso. Pense nisso. Ele fundou a Apple em sua garagem, com seu amigo Steve Wozniak, lançando o primeiro computador da companhia em 1976. Em 1980, a empresa abriu seu capital. Houve alguns altos e baixos ao longo do caminho — o Apple Lisa, de 1983, foi um fiasco completo, apesar do inovador Macintosh ter sido lançado no ano seguinte.

Mesmo quando a Apple se tornou uma grande companhia, Steve manteve o espírito atípico. E, assim, em 1985, um novo CEO orquestrou a saída pública de Steve da empresa que ele mesmo fundou. Em um discurso de formatura em Stanford, 20 anos depois, Steve falou sobre a terrível dor daquela experiência. Mas complementou: "Não percebi isso na época, mas ter sido demitido da Apple foi a melhor coisa que poderia ter acontecido comigo. O peso de ser bem-sucedido foi substituído pela leveza de ser um principiante novamente, menos seguro de tudo. Isso me libertou para entrar em um dos períodos mais criativos da minha vida."

Steve retornaria à Apple como CEO em 1997 e continuaria a ser um rebelde até sua morte, em 2011, aos 56 anos. Uma das campanhas de publicidade mais famosas da Apple, "Pense diferente", era uma homenagem àqueles que não se encaixavam, que ousavam ser diferentes e ultrajantes. "Enquanto alguns os veem como loucos, os vemos como gênios. Porque as pessoas que são loucas o suficiente para achar que podem mudar o mundo são aquelas que o fazem."

FRACASSE COMO OS GIGANTES

Um dos investimentos mais lucrativos de Steve durante seus anos fora da Apple foi em uma empresa chamada Pixar, que também tinha a própria história de obter sucesso a partir do fracasso. Steve ajudou a transformá-la em uma empresa que a Disney ficaria ansiosa para adquirir. (A propósito, Walt Disney é outro exemplo de superação. Ele foi demitido de um emprego em um jornal do Missouri por "não ser criativo o suficiente" e, em seguida, lançou o Laugh-o-Gram Studio, que faliu.)

Ed Catmull, cofundador da Pixar, disse certa vez em uma entrevista: "Precisamos conceber o fracasso de maneira diferente. Não sou o primeiro a dizer que o fracasso, quando abordado adequadamente, representa uma oportunidade de desenvolvimento. Mas a maneira como a maioria das pessoas interpreta essa afirmação é que os erros são um mal necessário. Erros não são um mal necessário. Erros nem sequer são um mal. Eles são a consequência inevitável de fazer algo novo e, como tal, devem ser vistos como valiosos. Sem eles, não teríamos originalidade. E, no entanto, mesmo quando digo que abraçar o fracasso é uma parte importante do aprendizado, percebo também que reconhecer essa verdade não é o bastante. Isso se deve ao fato de que o fracasso é doloroso e nossos sentimentos sobre essa dor tendem a estragar nossa compreensão de seu valor. Para desvendar as partes boas e ruins do fracasso, temos que reconhecer tanto a realidade da dor quanto o benefício do crescimento resultante."

O esporte propicia lições diárias de superação, pois competir em um esporte significa perder pelo menos algumas vezes. Quando nossos filhos competem em esportes, temos muitas oportunidades de ajudá-los a lidar com o fracasso. A primeira lição: haverá outro dia. Esse é um dos poucos cenários em que nos é dito, especialmente quando estamos aprendendo, que não há problema em cair, esbarrar, tropeçar ou soltar a bola para que possamos melhorar. Esse é um dos elementos que tornam os esportes tão necessários à sociedade. Nos esportes, o fracasso e o aprendizado, oriundo dele, são essenciais para o sucesso.

Essa lição não termina no playground. Muitos dos maiores atletas mundiais perdem com frequência — qualquer um que já assistiu a um Super Bowl, a um jogo da World Series ou a um campeonato da NBA sabe disso. "Perdi mais de nove mil lances em minha carreira", disse Michael Jordan. "Perdi quase 300 jogos, por 26 vezes confiaram a mim a cesta da vitória e eu errei. Falhei repetidas vezes na vida. E é por isso que tenho sucesso." Ou, como disse a grande tenista Serena Williams: "Definitivamente, não acho que um campeão seja definido por suas vitórias, mas pela forma como se recupera depois que cai."

Os atletas enfrentam também outro tipo de fracasso, mais grave: lesões destruidoras de carreiras. Kelly Clark era a snowboarder olímpica mais premiada quando caiu nos X Games de 2015, na Noruega, rompendo o tendão e rasgando a cartilagem que mantinha o fêmur na articulação do quadril. Ela passou o mês seguinte na cama com os pés atados e, após a cirurgia, teve que reaprender a andar. Outros em seu lugar poderiam ter recolhido suas medalhas e se aposentado graciosamente, mas Kelly se recusou a deixar a lesão acabar com sua carreira. Ela decidiu se recuperar, treinar e competir novamente — não apenas para vencer, mas para dar esperança aos outros.

Kelly surpreendeu o mundo dos esportes ao se classificar para as Olimpíadas de 2018 em PyeongChang, tornando-se a primeira snowboarder a competir em cinco jogos olímpicos. E ela o fez aos 34 anos, competindo contra adversários com metade da sua idade. Embora não tenha sido premiada, ficou em quarto lugar. Assistindo aos jogos de PyeongChang, notei o quanto outros atletas, incluindo Chloe Kim, que conquistou a medalha de ouro, admiravam Clark.

• • •

As falhas de Richard Branson são lendárias. Ao lançar seu primeiro empreendimento de alto padrão, a Virgin Atlantic Airways, ele tinha apenas um avião, que foi cercado por um bando de pássaros no teste. Com o tempo, fundou diversas empresas, algumas delas, lançamentos bombásticos como a Virgin Cola, projetada para competir com a Coca-Cola, e a Virgin Cars, uma empresa de venda de carros online. Mas Branson continuava em atividade. Ele sintetiza o espírito empreendedor de fracassar, reagrupar e começar de novo. Hoje, o Virgin Group de Branson é uma marca guarda-chuva para cerca de 400 empresas. "Se você cair de cara no chão, pelo menos caiu para a frente", disse ele.

Quando pensamos na frase "analisar os passos dos outros", raramente associamos esses passos ao fracasso. Mas este capítulo foi escrito especialmente para mostrar que líderes extraordinários e grandes realizadores fracassaram em seus caminhos para o sucesso, inúmeras vezes. Então, da próxima vez que você fracassar, lembre-se de que está fracassando como os gigantes.

TREZE

ENFRENTE AS ADVERSIDADES

Ao longo da minha vida, houve momentos em que tive a profunda consciência de ser diferente das pessoas ao meu redor, seja por causa da minha história, gênero ou educação — os tipos de diferenças que contribuem para um sentimento de inferioridade, ou talvez faça com que eu desenvolva o que é conhecido como síndrome do impostor, uma sensação de que não sou digna das circunstâncias em que me encontro e estou apenas fingindo.

Em diversos contextos ao longo dos anos, fui a única aluna com auxílio financeiro. Posteriormente, fui a única sem diploma universitário, ou a única mulher na mesa do conselho. Você entendeu a ideia. Para aqueles que se sentem "diferentes" na sociedade, o medo do fracasso é especialmente paralisante, pois tememos influenciar toda a nossa *classe* negativamente.

Estranhamente, entretanto, essa sensação de privação de direitos atua como potencializadora. Aqueles que têm "algo a provar" — aqueles que outros desconsiderariam, pois não se encaixam nos padrões —, com frequência, realizam feitos extraordinários. Como uma mulher chamada Oprah, como um jovem Thomas Edison que parecia incapaz de aprender, como Steven Spielberg, rejeitado pela escola de cinema.

Em seus tempos mais difíceis, J.K. Rowling, a fenomenal autora best-seller da série Harry Potter, era uma mãe solteira recebendo assistência financeira e lutando contra a depressão. Ela era, disse mais tarde, o maior fracasso que conhecia. Esse capítulo sombrio de sua vida inspirou o mundo misterioso do bem e do mal, que é a base de seus romances. Ela começou a escrever à mão, à noite, sentada em cafés e, quando finalmente ousou submeter seu trabalho a editoras, foi rejeitada inúmeras vezes.

Em 2016, Rowling postou algumas dessas cartas de rejeição no Twitter como forma de inspirar escritores a não desistir. Quando entrevistadores perguntaram de onde tirava motivação para continuar tentando, ela respondeu: "Eu não tinha nada a perder e, às vezes, isso encoraja o suficiente para tentar." Muitos autores iniciantes postaram respostas em agradecimento no Twitter, afirmando que a história dela os encorajou a continuar.

• • •

Em 1985, houve uma guerra civil brutal no Sudão. Milhões morreram e outros milhões ficaram desabrigados. Quando a vila de Salva Dut, de 11 anos, no sul do país foi atacada, ele correu para salvar sua vida junto com outros meninos, alguns com apenas cinco anos, percorrendo centenas de quilômetros até um campo de refugiados na Etiópia.

Eles e outros que fizeram o mesmo ficaram conhecidos como os Garotos Perdidos do Sudão, mas "Nós não estávamos realmente perdidos", disse Salva em uma palestra TED sobre sua experiência. "Nós éramos meninos andarilhos." Eles se depararam com leões e crocodilos, mas o maior medo deles era serem encontrados por soldados que os matariam para impedi-los de crescer e se tornarem combatentes da resistência.

ENFRENTE AS ADVERSIDADES

Quando os meninos finalmente chegaram ao acampamento, descobriram que o lugar estava em condições inabitáveis — uma colher de comida por dia, pouca água e nenhum saneamento. O pior de tudo é que não havia cuidadores adultos: os Garotos Perdidos teriam que se defender sozinhos. Decidiram que não poderiam ficar, então, aos 15 anos, Salva foi eleito para liderar 1.500 garotos para o campo de refugiados de Kakuma, no Quênia, uma jornada de centenas de quilômetros por terrenos irregulares. Lá, as condições melhoraram.

Aos 22 anos, Salva foi para os EUA como refugiado político e se estabeleceu com uma família em Rochester, Nova York. Ele teve que aprender a fazer tudo, desde ligar o interruptor para acender a luz até fazer compras em uma mercearia. Então, certo dia, alguns anos depois de chegar aos EUA, Salva recebeu notícias impressionantes: seu pai, que ele tinha certeza de que morrera na guerra, estava vivo. Ele foi ao Sudão do Sul para se encontrar com o pai que não via desde os 11 anos e ao chegar descobriu que ele estava gravemente doente devido à água contaminada. Quando Salva descreveu a água em sua palestra TED, tirou uma garrafa de plástico do bolso e exibiu-a para que a plateia visse a bebida enlameada.

Salva retornou aos EUA e, sem saber nada sobre filantropia, fundou a ONG Water for South Sudan, dando início à batalha para fornecer água potável à comunidade de que havia fugido. Levou quatro anos para arrecadar US$50 mil para perfurar um poço na aldeia de seu pai. Desde o primeiro poço em 2005, a Water for South Sudan perfurou 304 poços em aldeias remotas, servindo a centenas de milhares de pessoas.

A história de Salva é memorável de diversas maneiras, com ênfase para a esperança e a perseverança. O tema de sua vida é andar — uma metáfora para a persistência. Hoje, quando encontra dificuldades, ele afirma: "Continuo andando, colocando um pé na frente do outro. Aprendi que, se você continuar persistindo, realizará grandes feitos na vida, em quaisquer circunstâncias, ainda que terríveis."

Histórias como a de Salva nos inspiram, mas e quanto aos outros entre nós que se sentem perdidos? Chamamos nossos veteranos militares de heróis, mas enquanto aplaudimos sua coragem na guerra, muitas vezes temos muito pouco a lhes oferecer quando voltam para casa, como Barbara Van Dahlen nos lembra. Muitos soldados sofrem lesões traumáticas no campo de batalha e pelo menos 20% dos veteranos do Iraque e do Afeganistão sofrem de TEPT. Muitos soldados corajosos têm dificuldade de se reintegrar, sem a comunidade e o senso de propósito que definiram suas vidas. Sua incapacidade de prosperar se manifesta de diversas maneiras, mais dolorosamente nas altas taxas de suicídio e falta de um lar.

Então surgiu a Team Rubicon. Quando um terremoto de magnitude 7.0 atingiu Porto Príncipe, no Haiti, em janeiro de 2010, quase um milhão de haitianos ficaram desabrigados, e milhares morreram. Jake Wood e William McNulty, dois ex-fuzileiros navais dos EUA, dispuseram-se a ajudar. Acompanhados de seis outros veteranos e amigos, reuniram fundos e suprimentos médicos, voaram para a República Dominicana, carregaram um caminhão com suprimentos e foram para o Haiti. No processo de assistir os desastres, a Team Rubicon descobriu que poderia fornecer aos veteranos uma maneira de recuperar sua autoestima, dando-lhes um novo propósito e uma nova comunidade.

No início, os membros da Team Rubicon se viam como uma organização que usava serviços de veteranos para auxiliar em desastres. Até que Clay Hunt, um membro original da Team

ENFRENTE AS ADVERSIDADES

Rubicon, tirou a própria vida. Depois da morte de Hunt, eles passaram a se enxergar como uma organização que utiliza o auxílio a desastres para ajudar veteranos.

Como Jake Wood disse em uma palestra comovente, na qual falou sobre seu amigo, o orgulho e a perda na vida de veteranos militares: "Um garoto de 18 anos se forma no ensino médio, em Kansas City. Ele se alista no exército. O exército lhe dá um rifle. Ele é enviado ao Iraque. Cravam uma medalha em seu peito. Ele volta para casa e desfila como herói. Tira o uniforme. Ele não é mais o sargento Jones em sua comunidade. Agora, ele é Dave, de Kansas City. Não tem a mesma autoestima. Mas você o manda para Joplin (Missouri) depois de um tornado e, outra vez, alguém caminha até ele, o cumprimenta e agradece pelo serviço prestado. Aí ele recupera sua autoestima."

• • •

Não é comum que eu encontre outros líderes no mundo privilegiado da filantropia que tenham tido um passado como o meu — eu fui *beneficiada* pela filantropia antes de assumir o comando de uma fundação. Logo, quando conheci Darren Walker e ouvi a história incrível de como enfrentou as adversidades e se tornou presidente da Ford Foundation, uma das maiores fundações dos EUA, fiquei profundamente emocionada.

Apesar da tradição, prestígio e grandeza da Ford Foundation (com ativos acima de US$12 bilhões), Darren fala abertamente sobre sua educação desafiadora: "Abraço meu passado", disse a Jonathan Capehart em uma entrevista publicada no *Washington Post*. "Não tive que estudar o contexto de uma comunidade rural de baixa renda para conhecer a pobreza. Vivi essa experiência."

Darren, hoje um amigo querido, sabe que ocupa um lugar raro, tendo superado dificuldades significativas. Ele é um homem do Sul, negro e gay, mas em nenhum momento permitiu que preconceitos ou outros obstáculos intimidadores o impedissem de realizar seus sonhos.

A singular história de vida de Darren é uma inspiração para muitos e várias fontes a citam como exemplo, como a revista *Time*, que nomeou-o uma das 100 pessoas mais influentes do mundo. Ele encoraja outras pessoas que possuem influência a discursar e capacitar outros a fazer a diferença. "Estou muito, muito otimista sobre o futuro dos EUA", diz, com satisfação. Histórias como a de Darren inspiram e lembram-nos de que qualquer um pode enfrentar as adversidades.

Talvez você se sinta pressionado com o que outros dirão se você tropeçar, principalmente se for como eu, que acha que o fracasso influencia o preconceito que existe em torno de quem é ou não capaz de fazer algo grandioso. Quero encorajá-lo a se inspirar pelas pessoas destacadas neste capítulo, que não apenas se sentiram, mas eram, de fato, desprivilegiadas ou diferentes.

E, no entanto, cada um deles superou o medo de serem lembrados por seus fracassos. Ao fazê-lo, não só realizaram grandes conquistas como diminuíram o preconceito sobre o potencial daqueles que são "diferentes". Deixe que suas histórias o inspirem a superar a insegurança que o atrasa.

CATORZE

MIRE O FUTURO

Eu gostaria de ter previsto, quando não entrei na faculdade que queria, que permanecer na cidade em que estava me levaria a um emprego na administração de Reagan. Gostaria de ter previsto que, quando esse emprego foi suspenso por falta de financiamento e acabei aceitando um temporário em uma startup de tecnologia para pagar o aluguel, essa nova oportunidade me levaria a uma carreira que nunca imaginei. Quando olho para trás, ainda me lembro do desapontamento que senti em ambas ocasiões — somado ao medo de nunca encontrar um lugar para mim. Ah, se eu tivesse uma bola de cristal.

Cada história possui inúmeros capítulos. O sábio enxerga as novas oportunidades que surgem das decepções. A organização sábia, também. Certa vez, li sobre um fundador que mantinha planos para a próxima grande ideia da empresa em um pedaço de papel, na gaveta de sua mesa — esperando pelo momento que achasse ideal. De certa forma, parece uma atitude sábia. Porém, nunca há momento perfeito para experimentar algo audacioso. Se você esperar muito, o momento pode passar. Sim, o timing é importante, mas, como diz o ditado: "A melhor época para se plantar uma árvore foi há 20 anos. A segunda melhor é agora."

O momento e os fatores externos contribuem fortemente para o sucesso de uma ideia — ou para seu fracasso. É importante estar consciente das consequências de assumir o risco de inovar, já que muitas pessoas, empresas e entidades tentam e fracassam. Todos devemos reconhecer que, inevitavelmente, o fracasso acontece. Para cada Facebook, há um Friendster. Para cada Spotify, há um Napster. Para cada entidade que financia com sucesso os avanços no tratamento do câncer cerebral, há laboratórios cheios de médicos e técnicos dedicados que não impactarão tão significativamente a saúde da próxima geração.

Às vezes, uma ideia não fracassa por ser ruim, mas por ser mal executada. Converse com qualquer fundador de um empreendimento ou movimento bem-sucedido: eles sempre lembram os primeiros dias, em que tinham pouco tempo, poucos recursos e talentos não tão excepcionais. O segredo é identificar previamente o potencial de falha para que você aja antes que seja tarde demais. É importante debater honestamente sobre o que funciona, convocar ajuda externa para identificar o que está errado e fazer os ajustes necessários ao longo do caminho.

Em 2006, a Fundação Gates anunciou que destinaria US$13 bilhões para erradicar a poliomielite até 2010. Era um plano audacioso, mas eles acreditavam que poderiam fazê-lo, e aqueles que se juntaram acreditavam também. Em 2010, no entanto, a doença estava se espalhando por alguns dos próprios países-alvo da erradicação.

Sei o que eles sentiram pois já estive em uma situação semelhante — embora em proporções diferentes. Imagine investir uma quantia significativa, do fundo do seu coração, comprometendo seu tempo e os talentos de pessoas que admira. Em seguida, imagine que seus planos não funcionem. Foi um baque para Bill Gates, mas, em vez de se entregar à derrota, ele mirou o fu-

MIRE O FUTURO

117

turo. "O que faremos então?", ponderou. Foi a pergunta certa. A equipe da Fundação Gates prosseguiu, trabalhando e investindo.

Até o momento, a Fundação Gates afirma haver apenas 12 casos de poliomielite remanescentes em 2 países: a meta compartilhada por Bill e Melinda Gates se revela alcançável. O segredo foi nunca terem duvidado de que estavam no caminho certo. Eles nunca consideraram a desistência. Pesaram as consequências e descobriram o que era necessário para concluir o objetivo, apesar dos contratempos pelo caminho.

Nos esportes, muitas vezes vemos a necessidade de mirar o futuro à medida que falhas ou deficiências se acumulam. Veja, por exemplo, a história de Ted Leonsis, dono do time de hóquei Washington Capitals. Ted era um bom amigo e colega na AOL, tendo se juntado à companhia depois que ela adquiriu uma empresa de tecnologia que fundara.

Todos conheciam Ted como líder brilhante, capaz, com visão ampla e um portfólio de realizações notáveis. Quando Ted comprou o Washington Capitals, em 1999, tinha um único objetivo: vencer a Copa Stanley. Mas, apesar de adquirir jogadores de elite, ganhar o Troféu dos Presidentes da NHL por acumular mais pontos durante a temporada regular três vezes desde 2010 e fazer várias aparições nos playoffs da NHL, a equipe não conquistou a Copa Stanley por quase 20 anos.

Da mesma forma que Ted percebe a influência do empreendedorismo que tem guiado sua carreira, continuou buscando seu objetivo, fazendo os ajustes necessários para prosseguir com a campanha e nunca deixar de acreditar na missão. A prova do apoio dos fãs durante todo esse período fica evidente nas bilheterias, em que — mesmo sem participar das finais da Copa Stanley — o time esgotou os ingressos de mais de 400 jogos seguidos.

Então, finalmente, em 2018, Ted e sua equipe conseguiram. Eles ganharam a Copa Stanley, marcando a primeira vez na história em que a taça foi para Washington, D.C. No meio da celebração, quando questionado sobre a longa trajetória para a vitória, Ted observou: "É muito, muito mais prazeroso passar por toda a dor e sofrimento até chegar ao topo da montanha. É assim que a vida é. É assim que grandes empresas são construídas. Nunca é fácil."

• • •

Com frequência, olho para o passado e aprecio a sabedoria de mirar o futuro. Antes de rotular alguém de fracassado, pense em Milton S. Hershey. Nascido em 1857 na zona rural da Pensilvânia, seu pai abandonou a família, e sua mãe sofrida precisou de apoio. Hershey teve poucas oportunidades de receber educação formal. Aos 14, foi trabalhar para um confeiteiro, em Lancaster, para aprender a arte de fazer doces. Quatro anos de aprendizado depois, Hershey decidiu tomar seu próprio rumo, ajudado por um empréstimo de US$150 de sua tia. Se mudou para a Filadélfia e começou a vida como empreendedor no setor de doces.

Apesar de sua paixão e perseverança, seu empreendimento faliu em cinco anos. Frustrado, mas destemido, Hershey se juntou a seu pai, em Denver, e se propôs a aprender outro ofício de confeitaria: fazer caramelo. Ele achava que esse novo doce conquistaria a nação, levando-o a cruzar o país e se estabelecer em Nova York, onde, aos 26 anos, abriu a própria loja de doces, que fechou três anos depois.

Quando Hershey voltou para a Pensilvânia, sua família o tachou de vagabundo. Não queriam que ele fosse sequer a uma reunião familiar. Ele estava chegando aos 40 sem nenhuma conquista. Era hora de desistir de seus sonhos empreendedores? Ele

MIRE O FUTURO

não desistiu. Em vez disso, lançou a Lancaster Caramel Company. Sua mãe e sua tia o ajudaram a testar receitas que "derretem na boca" e, por fim, sua empresa teve sucesso. Quando vendeu a Lancaster Caramel Company, em 1900, por US$1 milhão de dólares, ele tinha uma ambição ainda maior: chocolate.

Chocolate não era novidade, mas a tecnologia para produção em massa, era, e Hershey investiu no mais recente equipamento para abrir a Hershey Chocolate Company em sua cidade natal, Derry Park. (Mais tarde, renomeada como Hershey.) Provavelmente influenciado pelas dificuldades que passara, planejou construir a Hershey em uma cidade modelo, onde seus empregados pudessem viver com conforto — morar, trabalhar e aproveitar a vida. Finalmente, ele alcançou seu sonho.

Porém, Hershey tinha ainda mais a oferecer ao mundo. Antes de construir a Hershey Chocolate Company, conheceu a mulher a quem dedicaria o resto de sua vida — sua esposa, Catherine. Quando os Hersheys descobriram que não podiam ter filhos, decidiram voltar seus projetos filantrópicos a crianças carentes.

Eles abriram a Hershey Industrial School para meninos órfãos, uma escola profissionalizante que Hershey esperava que ajudasse os estudantes a conseguir empregos bem remunerados através do aprendizado de ofícios. Depois que Catherine morreu, em 1915, Hershey transferiu a maioria de seus bens para a escola.

Hoje, anualmente, mais de dois mil estudantes carentes chamam a Milton Hershey School (que agora admite meninas) de lar. Até 1989, a escola exigia que os alunos ordenhassem vacas duas vezes por dia, diretriz orientada por Hershey desde os primórdios. Devido à sua premeditação, a escola possui fundos de US$12,5 bilhões, mais do que algumas universidades da Ivy League.

• • •

Existe um termo para pessoas que alcançam sucesso mais tarde: late bloomers. "No percurso de uma grande conquista, o late bloomer parecerá um fracassado", escreveu Malcolm Gladwell no *New Yorker*, uma ideia que certamente se aplicou à Hershey. Somos instruídos a pensar que os jovens são mais propícios à criatividade e a sonhar alto. No entanto, os late bloomers também podem se tornar bem-sucedidos se tiverem a atitude certa e uma perspectiva saudável sobre o futuro.

Embora reconheçamos a influência da urgência na realização de uma Aposta Alta, às vezes, é mirar o futuro que conta. É importante considerar falhas na perspectiva. Um strikeout na primeira entrada precisa ser considerado no contexto da partida inteira. (Dizem que Babe Ruth era o rei dos home runs, mas era também o rei dos strikeouts.) Muitas empresas tropeçam porque focam os ganhos do trimestre em vez de mirar o futuro.

Warren Buffett é um líder extraordinariamente bem-sucedido e um guru dos empreendimentos. Nos últimos anos, tive o prazer de conversar com ele no encontro anual Giving Pledge, e em outras situações similares.

O Giving Pledge foi criado em 2010 por Bill e Melinda Gates, contando com a participação de Warren, e representa uma rede de indivíduos e famílias comprometidas a doar a maior parte de sua riqueza. Steve e eu conhecemos Bill e Melinda durante nossos primeiros anos no setor tecnológico, mas não conhecíamos Warren muito bem antes de ingressar nesse grupo.

Minhas expectativas em relação aos encontros com Warren, que é considerado o Oráculo de Omaha, são sempre altas. Nesses encontros, ele compartilha a sabedoria que adquiriu ao longo de seus 88 anos, dando um senso de humor e leveza a reuniões com propósitos de enfrentar desafios assustadores em todo o mundo.

MIRE O FUTURO

Warren é a terceira pessoa mais rica do mundo. No entanto, admite prontamente que cometeu seus graves erros. Ele é bem conhecido pela potência da Berkshire Hathaway, mas disse à CNBC, em 2010, que comprar as ações da empresa foi a coisa mais idiota que já fez.

Ele explicou que só comprou participações significativas na empresa — na época, um empreendimento têxtil em queda — devido a um deslize do CEO e que o desempenho dessa empresa têxtil foi um empecilho para todos os outros investimentos que mais tarde faria usando o nome da Berkshire Hathaway.

Nessa entrevista, ele estimou que o custo de comprar a Berkshire Hathaway pelas razões erradas havia sido considerável. Mas o Oráculo de Omaha se recuperou de seus fracassos por meio de uma estratégia de investimento de longo prazo: em vez de comprar e vender aleatoriamente, procurar empresas que construam valor duradouro.

De fato, toda sua vida é definida pela projeção de longo prazo. Você sabia que Buffett conseguiu a maior parte de sua fortuna depois de seu 50º aniversário? E entre os 83 e 87 anos, viu sua riqueza dobrar em relação a quanto conseguiu em seus primeiros 66 anos de vida. Buffet é excepcional de muitas formas. Como indivíduos, podemos optar por adotar a mesma abordagem.

As histórias deste capítulo foram cuidadosamente escolhidas para demonstrar a importância da perseverança quando há pedras no caminho. Cada reviravolta e falha nos deixam mais fortes se focarmos o prêmio, mesmo que demore para conquistá-lo.

QUINZE

AGORA VÁ E APROVEITE O FRACASSO

Fazer uma Aposta Alta engloba o risco do fracasso. Como as histórias compartilhadas que ilustram esse princípio mostraram, todo grande inovador falhou, mas apenas os verdadeiramente capazes encontram maneiras de usar as lições de seus fracassos para impulsioná-los. Pergunte a si mesmo se o fracasso, ou o medo do fracasso, é um empecilho para seus projetos.

É da natureza humana querer esconder os fracassos por causar constrangimentos. Você disse que conseguiria algo e não o fez. Mas e se, em vez de se esconder na caverna da vergonha, você se levantasse, anunciasse seu fracasso e aproveitasse a oportunidade para dizer o que aprendeu e reafirmar seu compromisso com seu objetivo? Não sou capaz de enfatizar o quanto isso é libertador — uma lição que aprendi com tropeços pelo caminho.

Da mesma forma, a rejeição é dolorosa, mas em retrospectiva pode ser motivo de honra. Essa é uma lição que aprendemos com inovadores e líderes que reconhecem, como fez Einstein, que seus fracassos os aproximam do sucesso. J.K. Rowling continuou tentando apesar da rejeição. Astro Teller usou as falhas para criar uma mistura de sucesso. E Warren Buffett nos lembra de mirar o futuro. Sempre que você tiver um revés, deixe a sabedoria desses grandes empreendedores ajudá-lo a se levantar novamente.

Em 2014, Jeff Bezos escreveu aos acionistas da Amazon: "O fracasso é parte integrante da invenção. Não é opcional. Entendemos isso e acreditamos que fracassar e tentar de novo nos levará a acertar." Ele estava reiterando o que Thomas Edison disse há muito tempo.

Faça uma pausa para considerar a própria vida. Talvez você tenha uma história de fracasso — de um momento em que parecia que nunca se recuperaria de um profundo desapontamento. Você consegue apreciar a vantagem dessa experiência agora? O que aprendeu naquele momento sombrio? Que oportunidade futura ele desvendou?

> *"Para cada fracasso, existe uma alternativa. Basta encontrá-la. Ao se deparar com um obstáculo, procure um desvio."*
>
> — MARY KAY ASH

AGORA VÁ E APROVEITE O FRACASSO

Acredito que a perfeição — isto é, *nunca errar* — é um mito. Há uma tremenda pressão em nossa cultura para ser perfeito, e isso afeta principalmente os jovens.

Atualmente, para entrar nas melhores universidades, você precisa não apenas de notas perfeitas, mas também de um histórico de realizações não acadêmicas irretocável. Então, para conseguir um bom emprego, você precisa de um coeficiente de rendimento perfeito, além de estágios e atividades extracurriculares. Não admira que a Associação Americana de Psicologia tenha relatado que o estresse de tentar ser perfeito está contribuindo para o aumento da depressão entre os adolescentes.

A história da Fundação Gates e a iniciativa de erradicar a poliomielite nos ensina uma lição muito importante. Quando você não atingir o objetivo, pondere: "O que fazer então?" O percurso para o sucesso é uma longa jornada, com altos e baixos e pedras no caminho. Ao partir para o destino, lembre-se e abrace as sábias palavras de Ernest Shackleton, o explorador da Antártida, mencionado anteriormente: "As dificuldades são apenas algo que devemos superar, afinal de contas."

PARTE QUATRO

SAIA DA BOLHA

Livre-se dos pontos cegos

Forme parcerias impensáveis

Junte tudo e mude o mundo

Intensifique as parcerias para crescer

Agora vá e saia da bolha... todos os dias

DEZESSEIS

LIVRE-SE DOS PONTOS CEGOS

"Onde você está?" A voz de um sócio soou através da conexão Bluetooth do meu veículo. "Steve e eu estamos dirigindo pela Pensilvânia em uma viagem de férias", respondi. Essa era uma ligação comercial importante, e meu marido e eu havíamos concordado em atendê-la, mesmo saindo de férias. A descrença do meu sócio era nítida. "Estou chocado", disse ele. "Por que vocês dois fariam algo assim?"

Desde que nossos filhos se tornaram independentes, Steve e eu partimos todo mês de agosto em um trailer em busca dos prazeres mais simples da vida, como desfrutar da beleza do campo e da alegria prosaica de um jantar preparado na fogueira. Durante a viagem, mantemos algumas moedas acessíveis para aproveitar as oportunidades de banhos quentes pelo caminho.

À medida que avançamos de um local a outro, exploramos pequenas cidades, lugares, monumentos e parques, descobrindo as peculiaridades dos EUA. Para nós, essas viagens são expedições.

Apesar de minhas raízes da classe trabalhadora do Centro-Oeste, Steve e eu atualmente temos uma vida privilegiada em Washington, D.C., logo, essas aventuras nos conectam com pessoas e lugares bem diferentes do que se tornou comum para nós.

Com frequência, encontramos pessoas que foram julgadas ou rejeitadas pelo estilo de vida do litoral. E descobrimos que, não importa para onde formos, novas perspectivas são adquiridas e um respeito duradouro se fortalece. Às vezes, simplesmente apreciamos os desafios e as oportunidades de lugares que são frequentemente despercebidos ou negligenciados.

Em uma viagem recente, estávamos desfrutando de um dia ensolarado e surpreendentemente fresco na região do carvão, a leste da Pensilvânia, quando as avaliações de restaurantes locais nos levaram a um bar/restaurante em uma cidade que já havia sido mineradora. Nós dirigimos pela rua principal, que mostrava sinais de seca e abandono. Não é muito comum encontrar vagas grandes o suficiente para alocar nosso veículo na rua principal de uma cidade, mas, nesse caso, tivemos essa opção. Depois de estacionar na beira da calçada, saí para pagar o parquímetro.

Seguimos pela quadra até o M&M Redzone, um bar de esportes que ostentava cinco estrelas no Yelp e era número 1 no TripAdvisor. Quando nos sentamos, o proprietário, Bobby Moucheron, veio oferecer sugestões no menu. Ele recomendou o Philly cheesesteak e as asas de frango especiais, e foi o que pedimos. Enquanto esperávamos pela comida, perguntamos sobre a cidade e sobre a história de Bobby.

Como todas as histórias norte-americanas, a de Bobby era cheia de reviravoltas. Ele nasceu e cresceu na cidade, mas saiu depois da faculdade para prestar serviços a uma empresa de telefonia de um ofício que não existe mais: operador de telefone. Lá, ele teve a chance de ser treinado na então nova tecnologia de sistemas de PBX, uma boa carreira que o levou até sua recente aposentadoria. De volta a Mahanoy City, Bobby aproveitou a oportunidade de comprar o M&M. Seu tataravô já havia sido dono do lugar.

Mahanoy City resume os desafios enfrentados pelas comunidades em todo o país. A cidade, que já foi próspera — supostamente o lar de mais bares per capita do que qualquer outro lugar dos EUA — hoje tenta desesperadamente encontrar o caminho de volta. O declínio econômico e as questões relacionadas — drogas, desemprego, baixos salários — são difíceis para alguém como Bobby, que retornou na esperança de um novo futuro para sua cidade natal.

Enquanto o US Census registra a renda familiar média nos EUA em US$59 mil, a média de Mahanoy County é de US$27 mil. Ainda assim, na semana em que passamos pela cidade, a página de Bobby no Facebook estava cheia de fotos de doações de amigos e vizinhos para as vítimas do furacão Harvey, no Texas.

Fomos à procura dos EUA e encontramos: uma comunidade passando por dificuldades doando o pouco que tem para beneficiar outros que estão em situação ainda pior. Durante nossa jornada de 2.900km, serpenteando as pequenas cidades da Pensilvânia, Nova York e Virgínia, vimos de perto a face do país.

Houve aqueles que foram contundentes sobre a desesperança que viram. Por exemplo, em uma parada, fomos recebidos por uma mulher que exclamou: "Não sei o que vocês estão fazendo aqui, mas se tiverem bom senso, retornem ao trailer e voltem para o lugar de onde vieram. Nada de bom vem desta cidade."

Contudo, para cada comentário negativo que ouvimos, havia dois ou três positivos que ofereciam perspectivas únicas e nos faziam sorrir. Como a família menonita de nove crianças, educadas em casa, que operam uma loja orgânica na estrada, ou a mãe de dois pré-escolares que, ao saber de nossa viagem de acampamento e noites passadas em lindos parques estaduais, se encheu de admiração. Ela questionou: "Por que alguém pagaria uma fortuna para ficar em quartos de hotel quando os lugares mais bonitos estão em nossos parques estaduais e nacionais, e custam, em média, apenas US$25 por noite?" Foi uma boa pergunta.

Uma de nossas últimas paradas foi na lanchonete classificada como número 1 em todos os sites de avaliação. Quando saímos da rodovia e entramos em uma pequena cidade no rio Susquehanna, percebemos que o lugar altamente qualificado ficava dentro de uma farmácia, e havia uma fila saindo pela porta. Quando finalmente entramos, encontramos um balcão clássico movimentado. Sentimos como se estivéssemos em uma era diferente. Enquanto as pessoas transitavam pelo lugar, cumprimentavam-se pelo nome e perguntavam sobre família ou comentavam sobre os acontecimentos locais. Esse era o espírito de comunidade pelo qual tantas pessoas anseiam em nossa era moderna de tecnologia e mobilidade.

Nossas viagens anuais de trailer pelas rotas alternativas dos EUA é uma maneira de expandir nosso entendimento para sair da nossa bolha, para diminuir nossos pontos cegos ou preconceitos sobre pessoas que vivem de maneira diferente da nossa. Estudos consecutivos confirmam que todos temos preconceitos de um tipo ou de outro. Então, se você procura ser um agente de mudança, deve ampliar sua compreensão do mundo. Não há outro jeito.

Em 2017, meu amigo e parceiro de trabalho de longa data, Ross Baird, escreveu um livro chamado *The Innovation Blind Spot*. O livro retrata o estado atual do empreendedorismo, inovação e dos investimentos nos EUA, voltado aos pontos cegos que inibem o crescimento e as oportunidades. Ross nos lembra de que, embora o empreendedorismo seja o que diferencia os EUA como nação, verifica-se que a atividade empreendedora está, na

LIVRE-SE DOS PONTOS CEGOS

verdade, em baixa há 40 anos no país. Mais empresas morrem a cada dia do que começam.

Obviamente, existem setores que prosperam na "nação da inovação" — particularmente grandes empresas e elites que tiveram acesso a capital e a redes de contato. Porém, outros por todo o país são deixados para trás na economia da inovação, particularmente mulheres, negros, pessoas da região central e de baixa renda. Ross, que participou das expedições Rise of the Rest do meu marido, Steve, compreende os obstáculos que isso representa para os inovadores que vêm de diferentes origens ou comunidades do interior.

Seu livro parece, em muitos aspectos, conectado ao *Originais*, de Adam Grant, ou ao livro do meu marido, *A Terceira Onda da Internet* de 2016. Como todas essas obras deixam claro, grandes inovações vêm de pessoas e lugares inesperados e, juntos, servem como um alerta para o resto de nós, para prestar atenção no que está acontecendo para além de nossos quintais.

Outro que participa com frequência das expedições Rise of the Rest é J.D. Vance, autor da obra *Hillbilly Elegy*, que foi um dos livros mais lidos de 2016 e ainda é um best-seller.

Vance, que teve uma infância pobre na cidade de Middletown, em Ohio, tem um dom especial para articular verdades sobre valores de pessoas do interior, nos ajudando a entender seus desafios e as contribuições que fazem para a sociedade. Ele é um companheiro bem-vindo na missão empreendedora de Steve.

Livrar-se dos pontos cegos em nossas empresas e filosofias é intimidador, mas representa uma grande oportunidade para ampliar nossa perspectiva e encontrar soluções inovadoras. Considere como nos referimos à vasta região central dos EUA como "país do sobrevoo", como se suas conquistas não merecessem atenção. Essa mentalidade fechada limita o potencial do país e contraria seu passado, já que a história dos EUA baseia-se em pessoas originárias de diversas regiões e contextos em prol de fazer a próxima grande ideia progredir.

• • •

A antiga cidade siderúrgica de Pittsburgh é considerada por muitos como a vítima de um setor decadente. Mas a Pittsburgh que descobri em uma recente visita é uma combinação única de aceleradores de startups, universidades, empresas de tecnologia e investidores que pretendem ressuscitar a cidade.

Foi por esse motivo que a Ford se comprometeu a investir US$1 bilhão durante cinco anos em uma empresa sediada em Pittsburgh, especializada em inteligência artificial e engenharia automotiva autônoma. Foi por isso que a Uber investiu em Pittsburgh para sediar as atividades de sua tecnologia de veículos autônomos. Entre os inovadores da cidade estão Courtney Williamson, fundadora da AbiliLife, uma empresa biomédica que desenvolve dispositivos para pacientes com Parkinson; Vaish Krishnamurthy da CleanRobotics, cujo Trashbot usa inteligência artificial para separar os recicláveis de resíduos orgânicos; e Matthew Stanton e Hahna Alexander, cofundadores da SolePower, uma tecnologia que usa uma palmilha geradora de energia através do impacto dos pés com o solo para carregar dispositivos portáteis — algo de particular interesse para o exército dos EUA.

Detroit também passa por um épico renascimento, liderado por visionários como o fundador da Quicken Loans, Dan Gilbert, que mudou sua empresa e todos os seus funcionários para a cidade após a crise econômica de 2008. Ele investiu pesadamente em imóveis em Detroit, ajudou dezenas de novas empresas e agora emprega cerca de 17 mil pessoas.

LIVRE-SE DOS PONTOS CEGOS

O renascimento de Detroit deve-se também a inesperadas colaborações entre os setores público e privado — particularmente, as principais fundações filantrópicas, como Kresge, Ford e Kellogg, cujo compromisso de engajar todos os setores da sociedade na questão foi fundamental para o amplo impacto da revitalização econômica e social da cidade. Devido a esses esforços conjuntos, Detroit luta para voltar a ser o que era, e seu otimismo estabelece um excelente modelo. Novas habilidades e uma nova maneira de pensar sobre o trabalho são desenvolvidas à sombra do outrora grande setor automobilístico.

• • •

Com frequência, a própria essência de se estar em uma bolha significa não saber que está nela. É preciso uma dedicação deliberada para se libertar do comodismo, para sair e observar o mundo ao redor.

A comediante Tina Fey, comentando sua experiência na sala de gravação do *Saturday Night Live*, observou que quando os escritores eram todos ou principalmente homens, isso significava menos esquetes para e sobre mulheres. Não se trata de discriminação intencional, apenas o que acontece quando se exclui outras vozes. Quando mais mulheres estavam presentes na mesa de escritores, mais histórias escritas por mulheres e sobre experiências femininas foram ao ar.

Sair da Bolha exige que você procure pessoas com perspectivas e origens diferentes ao levar adiante sua Aposta Alta. A capacidade de trabalhar e entender pessoas que não são como você faz parte do segredo do sucesso.

DEZESSETE

FORME PARCERIAS IMPENSÁVEIS

Há um ditado tradicional que diz que duas cabeças pensam melhor do que uma; e é claro que faz sentido a ideia de que é uma boa pedida unir o poder mental. Mas esse ditado também toca um ponto que não é bem compreendido pela maioria das pessoas quando se pensa em descobertas. Como já pontuei, muitas vezes a criatividade é entendida no âmbito do gênio solitário, quando na realidade grandes organizações, produtos e movimentos têm avançado graças à colaboração entre pessoas bem diferentes umas das outras, que se complementam em termos de habilidades. Esse tipo de colaboração confere uma vantagem competitiva arrasadora aos projetos.

E a pesquisa respalda essa ideia. Em 2015, o relatório *Diversity Matters*, da McKinsey, analisou uma ampla gama de métricas financeiras e a formação da alta gerência e dos conselhos de 366 empresas públicas de diversos setores no Canadá, América Latina, Reino Unido e EUA, e descobriu que as empresas com maior diversidade de gênero, raça e etnia eram mais propensas a ter melhores desempenhos financeiros. A descoberta se aplicava a todos os setores: empresas com maior diversidade racial e étnica tinham 35% mais chances de obter retornos financeiros acima da média em seu país, e aquelas com maior diversidade de gênero tiveram um desempenho 15% melhor do que as concorrentes. Nos EUA, descobriu-se uma correlação direta entre diversidade e desempenho, com cada 10% de aumento na diversidade racial e étnica ampliando os ganhos em 0,8%. Essas empresas adeptas da diversidade são um exemplo da vantagem de se formar parcerias impensáveis.

Quando palestro em escolas de negócios, adoro contar uma história sobre como a National Geographic Society saiu da bolha de uma maneira totalmente surpreendente. Na verdade, sua missão precípua sempre foi a de buscar e contratar grandes exploradores, fotógrafos, cientistas e contadores de histórias de todo o mundo para saírem à frente do desconhecido e contarem ao mundo o que encontraram. Em minhas viagens com os exploradores da National Geographic, subi os picos das montanhas do Himalaia em busca do templo mais alto do mundo, mergulhei nas profundezas do leito do oceano e fui a campo observar espécies ameaçadas nos continentes. Mas o trabalho instigante dos exploradores da National Geographic e nossa capacidade de encontrar e financiar esses trabalhos em todo o planeta só são possíveis por causa de uma parceria única.

> *"Se quer ir rápido, vá sozinho.*
> *Se quer ir longe, vá acompanhado."*
> — PROVÉRBIO AFRICANO

Pouco após a fundação da National Geographic Society, em uma noite de inverno em Washington, D.C., em 1888, a empresa resolveu produzir uma revista científica para cobrir as façanhas dos cientistas e exploradores de todo o mundo, que, por meio do

FORME PARCERIAS IMPENSÁVEIS

lucro de suas vendas, financiaria esse tipo de trabalho para mais exploradores e cientistas. Gosto de dizer que a *National Geographic* foi a primeira empresa de cunho social!

Avançando rapidamente, esse mesmo modelo de empresa ainda vive e prospera. Em 2015, uma nova e impensável parceria foi formada com a 21st Century Fox para hospedar os canais a cabo, revistas e ofertas digitais da National Geographic. Formar uma parceria sem fins lucrativos com uma grande empresa de mídia e entretenimento é uma iniciativa que não parece muito perspicaz; tanto a Fox quanto a National Geographic tiveram que sair de suas zonas de conforto — a Fox, para trabalhar com uma ONG, e a National Geographic, para trabalhar com uma empresa cujo conteúdo transmitido variava de esportes a filmes. Mas essa nova parceria permitiu que o material da National Geographic atingisse quase um bilhão de pessoas em todo o mundo a cada mês. Hoje, a dotação da organização é de US$1,3 bilhão, e mais de US$100 milhões anuais passam pelo fluxo de caixa da joint venture, permitindo à National Geographic Society manter sua tradição de financiar ciência, exploração, educação e contação de histórias importantes em todo o mundo — fortalecendo e protegendo a marca e o modelo de negócios em sua trajetória.

Esse tipo de parceria, conhecida como cobranding, não é uma ideia nova, mas sair da bolha exige mais do que a simples colaboração entre duas empresas nitidamente compatíveis. Não há dúvida de que tal colaboração possa ser ousada. Ela demanda que ambos os lados abram mão de um pouco do controle e se comprometam, sem se perderem de seus valores. Mas, quando aqueles que atuam em diferentes domínios formam novas entidades, o resultado pode ser mágico, conquistando muito mais do que qualquer um conseguiria agindo sozinho.

> *"Não importa o quão brilhante seja sua mente ou estratégia, se estiver jogando um jogo sozinho, sempre perderá para um time."*
>
> — REID HOFFMAN

Considere a parceria impensável entre a NASA e a LEGO. Uma agência espacial e uma empresa de brinquedos parecem ter objetivos e públicos distintos; mas, em 2010, uma sacada genial as uniu. A NASA queria inspirar uma nova geração de jovens a se tornar cientistas e engenheiros; a LEGO, ajudar as crianças a sonhar alto e pensar em seus futuros de forma criativa. A NASA iniciou seu papel na parceria colocando um pequeno LEGO de transporte a bordo do *Discovery* e permitiu que a LEGO usasse sua marca em kits baseados em espaçonaves. A LEGO construiu um site especial para crianças sobre exploração espacial.

Então, em 2011, o programa decolou (trocadilho inevitável) quando o ônibus espacial *Endeavor* levou 11 kits de LEGO para a Estação Espacial Internacional. Os modelos foram usados pelos cientistas no espaço para realizar experimentos, enquanto as crianças e os professores na Terra viajavam virtualmente; o currículo complementar lhes permitiu construir os próprios modelos e interagir com os astronautas. Imagino que um dia ouviremos astronautas relatarem que se interessaram pela carreira montando LEGO.

Anteriormente, descrevi o Airbnb como uma Aposta Alta, mas ele também é exemplo de empresa que prosperou graças a parcerias inesperadas. A primeira foi com a KLM Airlines, em 2014. Percebendo que suas atividades dialogavam, as empresas decidiram explorar uma parceria, mas a forma como a fizeram é que foi muito interessante. Para lançar a parceria, a KLM transformou um jato MD-11 em apartamento, substituindo as fileiras

FORME PARCERIAS IMPENSÁVEIS

de assentos por uma sala de estar descolada e uma cama grande e confortável. Então eles promoveram um concurso que oferecia uma noite no jato para cada um de três vencedores. Os concorrentes só tinham que escrever por que mereciam ganhar em até 100 palavras.

O concurso foi um enorme sucesso, com mais de três milhões de visualizações de vídeo. Os sortudos que venceram tiveram uma experiência digna de sonho com o Airbnb, e, como no caso do aluguel padrão pela empresa, o jato contava com uma lista de regras, incluindo "Não voar" e "Tratar o avião como se fosse seu". Hoje, as duas empresas ainda são parceiras. Os passageiros da KLM podem reservar estadias no Airbnb através da KLM junto com seus voos. Uma centelha de criatividade e um desejo de compartilhar recursos e credibilidade formaram uma parceria duradoura.

Outro grande aspecto desse princípio é o investimento de impacto, que representa um retorno financeiro e social, e pode se estender por todas as classes de ativos, setores e espaços físicos. Já destacamos as histórias de algumas dessas empresas, como a Warby Parker, a Happy Family e a Greyston Bakery, mas elas são apenas a ponta do iceberg quando se trata de empreendimentos formados tendo-se em mente, além do lucro, um propósito maior.

Nos últimos anos, houve um crescimento considerável no número de empresas, fundos e estabelecimentos criados em prol desse movimento. Um setor artesanal de associações, conferências, pesquisa, assessoria e plataformas gerou um ecossistema profícuo. De fato, algumas das melhores marcas globais surgiram dessa tendência, representando um impacto social positivo através dos próprios produtos e serviços que trazem ao mercado. Uma nova classe de investidores e empreendedores tem se unido à ideia simples, mas um tanto radical, de que o impacto social é relevante para os retornos financeiros.

Em 2017, o volume de capital destinado a esse novo campo mais do que dobrou em relação ao ano anterior, atingindo US$228 bilhões. E as instituições financeiras tradicionais entraram no jogo — do JPMorgan à TPG, do Goldman Sachs à Bain Capital. O maior fundo de pensão do mundo, o GPIF, do Japão, destinou mais de um trilhão de ienes para investimentos socialmente responsáveis. Organizações sem fins lucrativos e filantrópicas, também, com compromissos de investimento de impacto que variam de US$1 bilhão, da Fundação Ford, a US$50 milhões, da National Geographic Society, acreditando que esses investimentos proporcionarão um bom retorno financeiro para viabilizar suas missões.

$$\bullet \ \bullet \ \bullet$$

Um dos meus exemplos favoritos de parceria aparentemente contraditória ocorreu durante a crise mundial do ebola. Entre março de 2014 e de 2016, a África Ocidental vivenciou o maior surto de ebola da história. O então presidente Obama nomeou nosso amigo, colega e membro do conselho da Fundação Case, Ron Klain, como Czar Ebola. Os trabalhadores humanitários e a equipe médica correram para ajudar, mas os perigos da infecção eram inquestionáveis. Infelizmente, os materiais de proteção usados na região eram difíceis de manusear, precisando de 31 etapas para serem colocados, e 20 minutos e 2 pessoas para a remoção. O tecido não permitia a respiração, e as máscaras se embaçavam em poucos minutos. Pior ainda, o modelo típico tinha 28 pontos de potencial contaminação.

Começando a buscar soluções para a crise, a ONG de saúde Jhpiego e a Universidade Johns Hopkins promoveram um desafio para criar um traje de proteção melhor. E o desafio fez surgirem alguns agentes inesperados. É claro que havia estudantes

FORME PARCERIAS IMPENSÁVEIS

de engenharia, agentes de saúde pública e virologistas no projeto. Mas houve também um candidato surpreendente — uma costureira de vestidos de noiva chamada Jill Andrews. Jill ia à luta porque não se enquadrava em uma definição. Como disse: "É tudo engenharia. Se você consegue construir um sutiã, consegue construir uma ponte." Ela não teve medo de sair da bolha e se juntar à empreitada do fim de semana na Johns Hopkins. Como é frequentemente o caso, sua garra gerou uma grande inovação.

Jill, junto com uma equipe da Johns Hopkins, criou um traje de proteção contra ebola de peça única, com um zíper nas costas para simplificar a remoção. Eles também criaram uma máscara facial maior, com uma pequena ventoinha a bateria para ventilar o capuz. Em um campo de 1.500 candidatos, seu projeto foi declarado vencedor e recebeu um subsídio substancial da USAID para que pudesse ser ainda mais desenvolvido. Mas, primeiro, Jill levou o traje ebola para a New York Fashion Week, onde a Jhpiego fez uma parceria com o International Rescue Committe e a GE Foundation para fornecer um salão separado para exibir sua criação. Jill sempre sonhara em ter um vestido na Fashion Week, mas nunca imaginou que seria um traje de proteção que salvasse vidas. Continua minha esperança de que esse tipo de pensamento inspire as próximas gerações de roupas de proteção para aqueles que cuidam de vítimas do ebola, já que outros são atraídos para inovar nessa área.

Como o caso de Jill provou, às vezes a resposta que você procura está fora de sua rede. Ao nos abrirmos para colaborações improváveis, novas ferramentas de solução de problemas se tornam disponíveis, e os desafios que pareciam impossíveis de superar se tornam simples. Melinda Gates confirmou essa verdade em 2016 com a palestra TED "O que As ONGs Podem Aprender com a Coca-Cola". Gates fez uma pergunta intrigante: "A Coca-Cola está em toda parte. Quando visito as sociedades em desenvolvimento, a Coca-Cola parece onipresente. Assim, quando volto dessas viagens, e penso na questão do desenvolvimento, volto para casa me questionando: 'Tentamos distribuir preservativos e vacinas para as pessoas...' O sucesso da Coca-Cola faz você parar e se perguntar: Como eles conseguem levar a Coca-Cola a esses lugares tão distantes? Se eles conseguem fazer isso, por que governos e ONGs não podem fazer o mesmo?" E, em parceria com a Coca-Cola, no Projeto Última Milha, fornecendo vacinas que salvam vidas em áreas remotas da África, a Fundação Gates e outros parceiros conseguiram superar as lacunas que antes eram intransponíveis.

> *"A mudança acontece quando você ouve*
> *e começa a conversar com pessoas que estão fazendo*
> *algo que não acredita estar certo."*
> — JANE GOODALL

Um dos exemplos mais significativos do poder de parcerias impensáveis em minha vida ocorreu em 2003, durante o governo de George W. Bush, quando fui convidada para participar de uma pequena reunião na Sala Roosevelt da Casa Branca para discutir sobre a pandemia do HIV, que já havia matado mais de 20 milhões dos 60 milhões infectados na África, deixando para trás 14 milhões de órfãos. Reunindo líderes do setor privado e religiosos, o então presidente Bush decidiu obter apoio para um novo programa ambicioso, que envolveria uma solução de três pontos semelhante à que havia sido efetivamente experimentada em Uganda. Era conhecida como ABC: A = abstinência, B = monogamia, C = camisinhas.

FORME PARCERIAS IMPENSÁVEIS

Não foi uma reunião fácil. À direita, havia uma preocupação em relação ao incentivo do uso de preservativos, especialmente por parte dos líderes católicos, que se opunham ao controle da natalidade; à esquerda, havia resistência quanto aos recursos destinados à iniciativa de prevenção, em detrimento do tratamento, com um desdém particular pela recomendação de abstinência, entendida como moralista e ineficaz. Para complicar ainda mais o assunto, houve tensão sobre a chamada Política da Cidade do México, promulgada pela primeira vez sob o governo do então presidente Reagan, para bloquear o financiamento federal de ONGs que fornecem aconselhamento ou serviços de aborto. Aqui, novamente, a direita e a esquerda discordavam sobre a possibilidade de estender essa política e se recusavam a financiar organizações que prestavam os serviços vitais no tocante ao HIV em toda a África.

Nosso grupo na Sala Roosevelt levantou pontos de vista fortemente mantidos em ambos os lados. Havia líderes da Igreja Católica dos EUA, Randall Tobias, o CEO da empresa farmacêutica Eli Lilly, e Chuck Colson, que fundou a religiosa Prison Fellowship, após a própria sentença de prisão decorrente de atividades ilegais na Casa Branca de Nixon. Ele representava a direita cristã. Kate Carr também estava lá, CEO da Elizabeth Glaser Pediatric AIDS Foundation, uma das mais proeminentes organizações dedicadas à AIDS, cuja fundadora contraiu o vírus em uma transfusão de sangue durante o parto. Sua filha morrera de AIDS, e Elizabeth Glaser sucumbiu à doença apenas alguns anos depois. Além disso, funcionários cruciais da Casa Branca estavam presentes, incluindo meu bom amigo Josh Bolton, que mais tarde se tornaria chefe de gabinete de George W. Bush.

Como um grupo tão diverso chegaria a um consenso? No começo, parecia impossível. Aquelas pessoas reunidas não só representavam diferenças extremas de perspectiva, como poucas já tinham estado juntas em uma mesma sala. Um estranho que entrasse ali conseguiria cortar a tensão com uma faca. Ainda assim, mesmo com a tensão patente, a necessidade urgente de fazer *qualquer coisa* mantinha todos na conversa. Estávamos em um impasse.

Então alguém proferiu palavras que colocaram todo mundo em seu lugar: "As pessoas estão morrendo enquanto debatemos. Mulheres, crianças e uma geração de rapazes na África são tirados de nós a um ritmo alarmante. Isso tem que parar. Não podemos sair desta sala sem o compromisso de trabalhar juntos e encontrar um caminho para seguir." Essas palavras foram seguidas por um longo silêncio quando percebemos a gravidade da situação. O clima na sala mudou. Lentamente, a conversa se inclinou para possíveis soluções. Antes do encerramento da reunião, foram dados passos concretos, com um forte senso de que não havia vencedores nem perdedores, mas, sim, indivíduos empolgados e comprometidos, dispostos a colaborar, mesmo que isso significasse que as coisas não seriam feitas do seu jeito.

Mais tarde, juntei-me aos outros para observar o então presidente Bush assinar o Plano de Emergência do Presidente para o Alívio da AIDS (PEPFAR, na sigla em inglês), um compromisso de 15 bilhões de dólares que incluía esforços de prevenção e tratamento. O programa provavelmente não teria passado pelo Congresso sem a disposição daqueles de ambos os lados sinalizando seu apoio. Em 2017, o músico Bono visitou Bush em seu rancho no Texas para lhe agradecer pelo papel do PEPFAR no combate ao HIV.

FORME PARCERIAS IMPENSÁVEIS

Em uma entrevista, Bono observou o efeito eletrizante das colaborações improváveis quando se ganha o apoio de políticos de ideologias opostas. "O governo não tem medo de estrelas do rock nem de estudantes ativistas — ele está acostumado conosco", disse ele. "Mas eles ficam ouriçados com mães coruja e religiosos. Agora, quando mães coruja e religiosos começam a andar por aí com astros do rock e ativistas, eles realmente começam a prestar atenção."

A sacada de Bono e as outras histórias deste capítulo cumprem seu papel. Às vezes, para ser visto e ouvido, você tem que buscar um aliado totalmente inesperado. Em uma época em que tantas pessoas recuam e se omitem, os agentes da mudança, que vão à luta, têm que se atirar no centro da arena e convocar todos os outros para se juntarem a eles.

DEZOITO

JUNTE TUDO E MUDE O MUNDO

Com quase 30 anos, quando entrei na AOL, era uma das duas mulheres na equipe executiva. Era um grupo incrível de pessoas abundantemente talentosas que se reuniam semanalmente para falar sobre nossas diversas responsabilidades e ajudar a orientar a empresa. Como menciono em outras partes deste livro, tentei trazer confiança para o meu papel como líder na empresa, mas sempre soube que me faltavam muitas das credenciais de meus colegas. Alguns administravam as próprias empresas, recebiam numerosos elogios ou possuíam diplomas de pós-graduação. Outros tinham décadas de experiência que eu não tinha.

Em geral, nos respeitávamos e a dinâmica era positiva, mas durante determinado período difícil, os relacionamentos dentro do comitê executivo se desgastaram e as tensões cresceram. Uma consultora foi chamada para trabalhar conosco. Como parte do processo, ela nos pediu para fazer uma avaliação Myers-Briggs, uma ferramenta frequentemente usada no trabalho em equipe para destacar os tipos de personalidade.

O teste agrupa as pessoas em 16 tipos com base em suas respostas. Uma categoria avalia se você "pensa" ou "sente". Ao nos prepararmos para o teste, comentamos em tom de brincadeira que, em nossa empresa de tecnologia, esperávamos que a maioria "pensasse". E, como era de se esperar, a maior parte da equipe foi classificada nessa categoria, exceto por uma pessoa: *eu*.

Como você pode imaginar, eu estava atormentada e fui muito provocada. Então, aconteceu algo que marcou a equipe. A consultora explicou que "sentir" não significa que você não está "pensando" e "pensar" não significa que você não esteja "sentindo". Essas designações apenas sugerem se alguém tende a tomar decisões através da lógica ou da consideração pelas pessoas. Então ela nos disse que as equipes mais fortes têm os dois tipos e que, se fôssemos *todos* iguais, não teríamos o benefício de uma perspectiva ampla na tomada de decisões.

Ela então pediu a cada um de nós que falasse sobre as vantagens de nossas diferenças — como as tínhamos visto funcionar e agregar valor. Passamos por algumas demissões difíceis, e alguns em volta da mesa mencionaram como estavam gratos por eu enxergar impactos nas pessoas e na cultura que ajudavam a moldar nossas ações e a torná-las mais dignas.

Na minha vez, apontei como foi positivo contar com pontos de vista puramente analíticos em algumas decisões que tivemos que tomar. Esse exercício transformou o estilo de trabalho de nossa equipe. A confiança foi restaurada e compreendemos que, apesar das diferenças, juntos poderíamos mudar o mundo.

Para mudar a maneira como interagimos com o mundo, devemos mudar a forma como *vemos* um ao outro. Eu amo *Hamilton*, de Lin-Manuel Miranda, por mostrar isso de maneira tão radical. O que poderia ser mais familiar do que nossa imagem dos pais fundadores como homens brancos, sóbrios e idosos? Lin-Manuel transformou essa narrativa amplamente aceita em seu ousado musical de hip-hop, com um elenco multirracial re-

JUNTE TUDO E MUDE O MUNDO

tratando esses personagens icônicos. O foco da história é Alexander Hamilton, o primeiro secretário do tesouro do país — em si, um tema improvável de fascinar o grande público.

Ao criar *Hamilton*, Lin-Manuel não estava tentando ser escandaloso. Porém, quando leu as 800 páginas de *Alexander Hamilton*, de Ron Chernow, percebeu Hamilton pela primeira vez como um imigrante corajoso e brilhante que lutou para chegar ao topo. Ao apresentar a prévia de uma das músicas do show na Casa Branca, disse ao público que Hamilton personificava o hip-hop, e todos riram. Mas foi exatamente o que aconteceu — e depois de exibir o número de abertura do musical, outros também perceberam isso.

Hamilton mudou o panorama cultural, tornando comum ver homens como Washington, Jefferson e Hamilton retratados como não sendo brancos. E depois que vi o musical na Broadway, percebi como é bom viver em uma era e em um país de rica diversidade e inclusão social abundante.

● ● ●

Como discutido anteriormente, o relatório *Diversity Matters* de 2015, da McKinsey, mostrou que a diversidade torna as empresas mais produtivas e prósperas. Quando expandiram a pesquisa em 2018 com o nome de *Delivering Through Diversity*, a McKinsey descobriu que muitas empresas viam a inclusão e a diversidade como uma vantagem competitiva e, especificamente, como um facilitador do crescimento. Analisando mil empresas de 12 países, a McKinsey descobriu que a tendência continuava com uma correlação direta entre diversidades de gênero e etnia e lucratividade, e as empresas sem diversidade apresentavam um desempenho 27% inferior às similares.

A importância da diversidade — ou o ato de agregar pessoas com diferentes perspectivas e origens — ganhou notoriedade entre as maiores empresas do país, cujos portfólios hoje destacam seus esforços. Quando a Deloitte mostrou seus estudos de diversidade e inclusão no trabalho, descobriu que as organizações com culturas inclusivas tinham duas vezes mais probabilidade de atingir ou exceder as metas financeiras, seis vezes mais probabilidade de serem inovadoras e ágeis e oito vezes mais probabilidade de alcançar melhores resultados nos negócios.

Em 2018, a *Forbes* publicou sua primeira lista de melhores empregadores para a diversidade. A número um foi uma surpresa: a Northern Trust, uma companhia de gestão de investimentos sediada em Chicago, com 17.800 funcionários. Na alta gerência, 38% são mulheres, e 23% do conselho é afro-americano.

> *"Nosso inconsciente é um imenso computador, que digere toda informação de experiências, pessoas, lições, livros, filmes e assim por diante, e dessa forma são constituídas as opiniões."*
> — MALCOLM GLADWELL

Aplaudir as empresas que lideram o ranking da diversidade força uma mudança mais ampla. Entretanto, com o crescente consenso de que a diversidade é importante, por que estamos vendo tantas empresas atrasadas? Pesquisas mostram que mulheres e negros têm acesso reduzido ao capital, ao apoio e à rede de contatos de que as empresas jovens precisam para crescer. Ao deixar de oferecer a todos os possíveis empreendedores as mesmas vantagens, sufocamos os inovadores das próximas gerações.

Os números são gritantes: nos últimos anos, apenas 10% das empresas apoiadas em capital de risco foram fundadas por

JUNTE TUDO E MUDE O MUNDO

mulheres. Menos de 1% dessas empresas têm um fundador afro-americano. E 75% de todo o capital de risco foi para apenas três estados — Califórnia, Nova York e Massachusetts —, deixando o resto do país para competir por apenas um quarto do mercado. E, mesmo assim, esses 47 estados subfinanciados produziram centenas de empresas da Fortune 500, provando que grandes companhias podem ser fundadas em qualquer lugar.

Os dados atuais sugerem que o segmento empresarial que mais cresce é o feminino, seguido de perto por afro-americanos e hispânicos. As empresas de propriedade feminina crescem a 1,5 vez mais que a média nacional, enquanto as empresas de propriedade afro-americana crescem a uma taxa de 60%. (Empresas não pertencentes a minorias crescem a uma taxa de apenas 9%.) E há diversas evidências de que essas empresas geralmente superam suas semelhantes. Uma companhia de capital de risco descobriu que as startups lideradas por mulheres que financiou tiveram desempenho 63% maior do que aquelas com equipes fundadoras inteiramente masculinas. Como consequência positiva, existem mais de nove milhões dessas empresas hoje.

Há uma oportunidade de impulsionar a economia expandindo o alcance ao investir em novas empresas promissoras, e talvez o primeiro passo seja mudar a concepção de sucesso. Apenas alguns anos atrás, eu estava em uma reunião na Case Foundation quando alguém sugeriu que fizéssemos uma pesquisa no Google Images usando a frase "empresário de sucesso". Nós nos encontramos olhando para uma página cheia de fotos de jovens brancos. Nenhuma mulher. Nenhum negro. Não eram imagens apenas de empreendedores famosos. Algumas eram do banco de imagens. Esse foi o dia em que decidimos compartilhar as histórias de todos os empreendedores de *todas* as origens para divulgar que eles vêm de todos os lugares e cenários e são de todos os gêneros e raças.

Para começar a gerar oportunidades para mais pessoas, precisamos primeiro reconhecer a influência do preconceito inconsciente. Qual é a importância disso? Existe uma crescente conscientização de que a mesmice que estamos vendo e que recebe financiamento de capital de risco pode ter muito a ver com tendências inconscientes, especialmente porque 93% dos parceiros de investimento nas 100 maiores empresas de capital de risco são homens — e predominantemente homens brancos.

Quão confortáveis ficam os empresários que não são do gênero masculino ou não são brancos durante as negociações quando não há alguém como eles na mesa? Um grupo de investidores inteiramente branco realmente compreende o valor potencial de inovações por e para pessoas diferentes deles?

Devemos aplaudir os capitalistas de risco que consideram a inclusividade entre os critérios para avaliar potenciais investimentos. De certa forma, isso é apenas bom senso, mas, nos negócios, é plenamente justificável. As mulheres representam a maior parte do público consumidor de itens básicos, por isso, se um investidor considera um novo produto, não ajuda ter a perspectiva de alguém que representa melhor o potencial mercado?

Cada vez mais líderes pedem que abordemos o mundo de forma mais inclusiva. Uma delas é minha querida amiga Mellody Hobson, a presidente afro-americana da Ariel Investments, a maior empresa que investe em minorias do mundo. Para romper com os preconceitos inconscientes que temos, Mellody sugere que sejamos "corajosos" em vez de "daltônicos" — o que significa encarar a realidade e convidar pessoas que não se parecem ou vivem como nós para as negociações. Ela coloca os recursos de investimento de sua empresa por trás desses princípios, ficando longe de empresas que não têm diversidade em suas lideranças e diretorias. E a própria Ariel é um modelo de diversidade: 51% da equipe é feminina, 27% afro-americana e 20% asiática e hispânica.

JUNTE TUDO E MUDE O MUNDO

Mellody é uma mulher maravilhosa — brilhante, gentil, durona e incrivelmente talentosa. (Alguns anos atrás, quando o termo "crush" veio à tona, perguntei a minhas filhas o que significava. Elas riram e me explicaram. Então, algumas semanas depois, conheci Mellody e compreendi.)

Contudo, até mesmo Mellody sofreu com o preconceito. Em sua palestra TED, ela conta que, em 2006, quando estava ajudando seu amigo Harold Ford, também afro-americano, a concorrer ao Senado, ligou para uma conhecida que trabalhava para uma grande empresa de mídia de Nova York e a convenceu a organizar um almoço formal de negócios com ele.

"Chegamos à recepcionista e dissemos: 'Estamos aqui para o almoço'", disse ela. "Ela fez sinal para que a seguíssemos. Passamos por uma série de corredores e, de repente, nos encontramos em uma sala, quando ela olha para nós e pergunta: 'Onde estão seus uniformes?' Logo em seguida, meu amigo entra correndo. A recepcionista fica pálida. Não há mesmo o que dizer, certo? Olho para ela e indago: 'Você não acha que é necessário mais de uma pessoa negra no Senado dos EUA?'"

• • •

O talento do povo estadunidense nos trouxe a qualidade de vida da qual desfrutamos hoje. Se aproveitarmos essa oportunidade para democratizar o empreendedorismo e construir negócios mais inclusivos, fortaleceremos nossa economia e nos certificaremos de que qualquer pessoa de qualquer lugar tenha uma chance justa de realizar o Sonho Americano. Isso significa não ter medo e romper a barreira do *status quo* — não apenas nos negócios, mas em toda a cultura.

O grande maestro Zubin Mehta disse certa vez que não há lugar para mulheres em orquestras. Felizmente, nem todos concordaram. Na década de 1950, a Orquestra Sinfônica de Boston foi a primeira a manter as cortinas fechadas ao realizar as audições. Incapaz de ver os músicos, os juízes fundamentavam suas escolhas apenas no talento. Outras orquestras seguiram o exemplo e a maioria hoje faz audições às cegas. Como era de se esperar, pesquisadores concluíram que audições às cegas, na primeira rodada de testes, aumentam a probabilidade feminina de prosseguir para as outras rodadas em 50%. Quando as audições às cegas são realizadas em todas as rodadas, a probabilidade de uma mulher ser escolhida é três vezes maior. Atualmente, as mulheres ocupam mais de 50% das cadeiras em orquestras.

> *"Um time de beisebol todo composto por apanhadores tem um forte espírito de equipe. Mas não tem bom desempenho no campo."*
>
> — SARA ELLISON, MIT

Como mulher — e como alguém cuja carreira começou no setor de tecnologia, predominantemente masculino —, estou intimamente familiarizada com os desafios que enfrentamos para conseguir nosso espaço. Por isso, tenho grande interesse por histórias de mulheres destemidas.

Quando conheci a história de Dame Stephanie Shirley, uma das primeiras pioneiras em distribuição de software no Reino Unido, fiquei me perguntando como nunca tinha ouvido falar dela. Shirley, que nasceu em Viena, fez parte do programa Kindertransport, que salvou quase 100 mil crianças judias dos nazistas, as enviando para a Inglaterra sem seus pais. Shirley tinha cinco anos. "Estou viva apenas porque, há muito tempo, fui ajudada por estranhos generosos", disse sobre a experiência.

JUNTE TUDO E MUDE O MUNDO

Desde cedo, sua ambição era clara: "Quero fazer com que tenha valido a pena salvar minha vida." Apaixonada por matemática, que não foi ensinada em sua escola só para meninas, recebeu autorização para assistir a aulas de matemática em uma escola vizinha para meninos.

Então, apesar de não ter um diploma universitário, foi em busca de sua carreira, começando na London's Post Office Research Station, onde construiu computadores e escreveu códigos. Seu interesse pela tecnologia cresceu e, durante seis anos, teve aulas à noite, conseguindo uma licenciatura em matemática.

Em 1959, Shirley fundou a própria empresa de software, a Freelance Programmers, empregando principalmente mulheres — muitas das quais haviam abandonado o setor quando se casaram ou tiveram filhos. (Ela também foi visionária ao permitir que os funcionários trabalhassem de casa.) Seu capital inicial era de £6, o equivalente a cerca de US$17 na época. Ela ampliou o valor da empresa para centenas de milhões e, quando se aposentou, aos 60 anos, tornou-se filantropa.

Ao longo do caminho, adotou o nome Steve para ajudá-la no campo predominantemente masculino. Hoje, com seus 80 anos, Shirley ainda tem um senso de humor aguçado. "É possível identificar mulheres ambiciosas pelo formato de nossas cabeças", diz ela. "São achatadas devido ao tratamento paternalista. E temos pés maiores por ficarmos afastadas da pia da cozinha."

Outra das minhas histórias favoritas é sobre Vernice Armour, apelidada de FlyGirl. Vernice foi a primeira aviadora feminina afro-americana no Corpo de Fuzileiros Navais e a primeira piloto de combate feminina afro-americana nas Forças Armadas dos EUA. Na escola de voo, terminou em primeiro lugar em uma classe de 200 alunos. Pilotou o helicóptero de ataque AH-1W

SuperCobra na invasão do Iraque, em 2003, e serviu duas vezes durante a Operação Iraqi Freedom. Mas Vernice estava acumulando primeiros lugares antes mesmo de se juntar aos fuzileiros navais. Na vida civil, era policial de Nashville e a primeira mulher afro-americana no esquadrão de motoqueiros. Seguindo seu objetivo, Vernice lançou a VAI Consulting and Training para encorajar outros a encontrar a própria superação.

Em 2016, fui convidada pela Harvard Business School Alumni Association para conduzir um debate sobre o Mês da História da Mulher, com Barbara Hackman Franklin, graduada pela Harvard Business School em 1964, a primeira turma a aceitar mulheres. Franklin é uma pessoa notável, que foi fundamental na abertura de nomeações presidenciais femininas. Surpreendentemente, ela o fez a convite do então presidente Richard Nixon.

Quando pensamos em grandes representantes das mulheres ao longo da história, as chances de que Richard Nixon não esteja na lista da maioria das pessoas são grandes. Em agosto de 1972, a *Newsweek* declarou: "A pessoa em Washington que mais fez pelo movimento das mulheres deve ter sido Richard Nixon." Devido ao escândalo Watergate e sua subsequente renúncia, Nixon raramente recebe crédito por promover o papel das mulheres no governo. Mulheres como Franklin também não recebem o devido crédito por desempenhar um papel crucial na luta feminina.

Eis como aconteceu: no início de 1969, Nixon havia começado o mandato há apenas um mês quando, em uma coletiva de imprensa, uma mão foi levantada na terceira fila. Pertencia a uma repórter chamada Vera Glaser, cuja pergunta reverberaria para muito além da sala. Ela questionou: "Presidente, o senhor até agora fez cerca de 200 nomeações de cargos políticos de alto nível e, desses, apenas três foram para mulheres. Pode-nos dizer,

JUNTE TUDO E MUDE O MUNDO

senhor, se podemos esperar um reconhecimento mais equitativo da capacidade feminina ou se continuaremos sendo um gênero negligenciado?"

Houve algumas risadas, mas ele ficou sério. "Não sabia que apenas três mulheres haviam sido nomeadas", falou, "acertaremos esse desequilíbrio o quanto antes".

Barbara Hackman Franklin, que estava na equipe de planejamento corporativo do First National City Bank (mais tarde, Citibank), foi chamada a Washington para liderar o novo programa de recrutamento de mulheres da Casa Branca. Graças, em grande parte, aos esforços de Franklin, o número de mulheres em altos cargos triplicou em apenas um ano, e mais de mil mulheres foram contratadas ou promovidas em uma época em que os cortes reduziram o governo federal em 5%.

Muitas dessas mulheres permaneceram no serviço público por décadas, incluindo Elizabeth Hanford Dole, que cumpriu um mandato de sete anos na Comissão Federal do Comércio e foi eleita senadora dos EUA pela Carolina do Norte; e a procuradora-geral adjunta Carla Hills, que se tornou secretária de habitação e desenvolvimento urbano no governo de Gerald Ford e representante comercial dos EUA de George H. W. Bush.

Há uma suposição comum de que, à medida que o número de mulheres em cargos altos aumenta, essa trajetória continuará. Mas isso não é um dado. Pode haver certo retrocesso na luta pela igualdade. Até o momento, as mulheres ocupam apenas 19% dos assentos no Congresso, número que se manteve relativamente estagnado nos últimos anos, embora mais mulheres do que nunca estejam concorrendo nas próximas eleições. E enquanto o gabinete de Barack Obama foi um dos mais diversificados da história, o do presidente Donald Trump é o menos diversificado em 30 anos.

Contudo, vale lembrar que, às vezes, a inovação ocorre quando uma única mulher fala em tom alto o suficiente para fazer acontecer. A mudança ocorre ao conceber a diversidade não apenas como algo positivo, mas, como os dados revelaram, como uma estratégia inteligente para maximizar o desempenho.

DEZENOVE

INTENSIFIQUE AS PARCERIAS PARA CRESCER

O setor de tecnologia, em que adentrei aos 20 e poucos anos, parecia o Velho Oeste: não havia mapas para nos orientar. Éramos um estranho grupo de agentes contando uns com os outros para sobreviver.

Após o advento do microprocessador, em 1971, os desktops passaram a ser montados principalmente por geeks que compravam kits e montavam as máquinas. Na década de 1980, quando entrei no mundo da tecnologia, houve certa evolução. Mas ainda assim, ter um acesso razoável à internet (para os padrões de então) exigia uma lista de aquisições complicada e cara, que incluía:

- Desktop (ou PC), cujo preço variava entre US$595 (o então moderno Commodore 64) e US$2.495 (o primeiro Macintosh).
- Monitor (que não era padrão naquele tempo).
- Software (os primeiros PCs não vinham necessariamente com disco rígido nem armazenamento interno).
- Modem.
- Assinatura de um provedor de internet.

Tínhamos uma certeza: precisávamos uns dos outros. Um software é inútil sem um computador. Um computador não tem valor sem aplicativos interessantes. Um provedor não estabelece conexão sem um modem. Você entendeu a ideia. Para o crescimento do setor, era necessário não apenas formar parcerias, mas criar redes de contato para acelerar o progresso, melhorar as operações e impulsionar a inovação. Por essas razões, a colaboração era a marca registrada do mercado online e de desktops, talvez muito mais do que hoje. Tínhamos grandes sonhos de um mundo conectado com comunicação e conteúdo na ponta dos dedos.

Meu cargo naqueles primeiros dias era gerente de marketing conjunto. Meu trabalho era viajar pelo país e visitar empresas de informática, software, modem e telefonia para formar parcerias em que as empresas de hardware e software promovessem assinaturas de um provedor de internet — de preferência o meu.

Mais tarde, ao avançar em minha carreira e aterrissar na AOL, expandimos nossas parcerias improváveis. A Omaha Steaks agrupou o software da AOL com seus famosos bifes, e a NASCAR apresentou um carro de corrida da AOL e distribuiu o software em seus eventos. Havia alianças inesperadas voltadas ao conteúdo também: os quilters de todo o país tinham um fórum bem movimentado, a Lucasfilm fez uma parceria para produzir um dos primeiros jogos interativos online e a revista *Time* fez uma parceria com a AOL em nossa primeira conferência online nacional sobre o 75º aniversário de Billy Graham.

Uma das lições mais perenes da AOL veio da nossa capacidade de alavancar nosso potencial competitivo através dessas parcerias e alianças. Isso mesmo, nosso potencial competitivo!

Em meados da década de 1990, a Microsoft foi uma tremenda ameaça à AOL. Como seu sistema operacional dominava o

INTENSIFIQUE AS PARCERIAS PARA CRESCER

mercado, era possível divulgar qualquer produto que a empresa oferecesse na tela inicial — e levar ao fracasso todos os outros.

Com a disseminação da notícia de que a Microsoft estava desenvolvendo o próprio provedor de internet, que seria comercializado junto com o Windows 95, nós da AOL ficamos preocupados. Sabíamos que a Microsoft usaria seu poder de mercado para exigir que os fabricantes de computadores promovessem exclusivamente seu novo provedor, excluindo a AOL. Em resumo, concordamos em usar o navegador da Microsoft para fechar a parceria. Tornou-se um pacote paralelo — dois concorrentes promovendo os produtos um do outro.

De maneira parecida, quando o acesso à internet finalmente se tornou legal para os consumidores, em 1993 (sim, antes disso, o acesso era legal apenas para a academia, o governo e as organizações científicas), a AOL começou a facilitar o acesso à world wide web. Uma das primeiras ferramentas que apresentamos foi um mecanismo de busca que permitia aos membros navegar pela rede enquanto usavam o serviço da AOL.

Então, descobrimos uma iniciativa chamada Google, que fornecia o próprio mecanismo de busca diretamente aos consumidores. Sabíamos que era necessário agir. Assim, um acordo foi feito para tornar o Google o mecanismo de busca oficial da AOL. Em troca, a empresa obteve uma participação acionária de 5% e uma parte da receita. Aqui, novamente, em vez de nos dedicarmos a lutar contra o poder do concorrente, nos "unimos" a ele. Como resultado, nossos clientes contaram com um mecanismo de busca melhor e nós obtivemos ganhos inesperados quando o Google abriu seu capital.

Alguns podem sugerir, baseados em uma história mais recente, que a AOL ultrapassou seus limites na fusão com a Time

Warner, em 2000, que terminou em fracasso. Minha opinião é que foi a estratégia de parceria certa, mas com as equipes erradas. Parcerias de negócios, como a maioria dos relacionamentos, se resumem a pessoas. No caso da AOL/Time Warner, os dois lados se esforçavam para misturar as culturas. Há uma declaração bem conhecida, geralmente atribuída a Peter Drucker, que afirma: "A cultura devora a estratégia logo no café da manhã." Ao sair da bolha, tome conhecimento das pessoas e da cultura com as quais trabalhará ao avaliar as oportunidades.

Hoje, as revoluções tecnológicas provocam mudanças fundamentais na maneira como as pessoas pensam, formam grupos e trabalham. O Monitor Institute, que trabalha com empresas de impacto social, chama essa nova maneira de trabalhar colaborativamente de "working wikily", em referência ao caráter solidário da Wikipédia, o que significa trabalhar com mais liberdade, transparência, tomada de decisão descentralizada e ação coletiva possibilitada pelas mídias sociais.

• • •

Quando estiver planejando um projeto ou ação, é importante examinar um espectro de possíveis aliados para evitar confiar no senso comum. Às vezes, é proveitoso classificá-los em círculos concêntricos de acordo com seus objetivos. No centro das atenções, devem estar aqueles parceiros potenciais que compartilham os mesmos interesses ou mercados. Comece a partir do círculo interno para avaliar quem mais pode ter um interesse estratégico na área em questão.

No movimento pelos direitos civis, por exemplo, o reverendo Martin Luther King Jr. e seus contemporâneos começaram a mobilizar os negros do sul antes de engajar os brancos do norte à causa. Quando Harvey Milk iniciou o movimento LGBT, em

INTENSIFIQUE AS PARCERIAS PARA CRESCER

São Francisco, começou recrutando a comunidade gay na Castro Street e, em seguida, expandiu o movimento para os liberais da região da Baía de São Francisco. O coronel John Boyd, reformador militar que ajudou a mudar a forma como o Pentágono funciona, seguiu um caminho semelhante, primeiro preparando instruções sobre as mudanças propostas para oficiais subalternos, em seguida para funcionários do Congresso, autoridades eleitas e, finalmente, para os principais generais.

Ao analisar quem pode catalisar suas atividades, considere desde os aliados importantes até os soldados recrutas. E pense em incluir parceiros não tão esperados ao processo.

Tome como exemplo a Libéria. Uma década de guerra civil deixou a infraestrutura de saúde do país devastada. Havia apenas 50 médicos para uma população de quatro milhões, e os serviços de saúde pública não chegavam a áreas rurais, em que pessoas morriam em condições corriqueiras, como um parto difícil.

Havia também a crescente crise do HIV. Um grupo de sobreviventes da guerra civil da Libéria e trabalhadores da área de saúde norte-americanos uniram forças, em 2007, com Peter Luckow no comando. Seu projeto, chamado Tiyatien Health, iniciou o primeiro programa público de controle de HIV na Libéria, com apenas US$6 mil de capital semente. Eles mudaram o nome para Last Mile Health, em 2013, em referência às áreas mais necessitadas, a "última milha" da Libéria.

Só a Last Mile Health poderia ter continuado a lutar para atender até mesmo à menor parcela de necessidades das comunidades rurais. Mas então a crise do ebola veio à tona, e com ela surgiu uma ideia que permitiu à ONG sair da bolha e escalonar seus esforços ao mesmo tempo. A Last Mile Health utilizou uma fonte improvável de profissionais da saúde — pessoas das comunidades afetadas. Com acesso aos fundos do Ministério da Saúde da Libéria, a Last Mile Health decidiu treinar e equipar 1.300 profissionais em 38 clínicas em toda a região sudeste do país.

Então, com um parceiro governamental comprometido e um exército de agentes comunitários de saúde, o programa ajuda áreas rurais que foram consideradas por muito tempo, de acordo com a declaração de missão da organização, como "muito difíceis de alcançar e caras demais para atender".

> *"São necessárias duas pederneiras para fazer fogo."*
> — LOUISA MAY ALCOTT

Este é o maravilhoso segredo da colaboração bem-sucedida: usar duas pederneiras para criar oportunidades benéficas para todos. Ao contar a história da fundação do Google em seu livro *Avalie o que Importa* (Editora Alta Books), John Doerr descreve os cofundadores da empresa, Sergey Brin e Larry Page, assim: "Sergey era exuberante, imprevisível, convicto de suas opiniões e capaz de saltar abismos intelectuais com um único pulo. Imigrante soviético, era um negociador sagaz e criativo, e um líder de princípios. Sergey não descansava, estava sempre buscando mais. Se bobear, aproveitava o intervalo de uma reunião e fazia umas flexões. Larry era o engenheiro dos engenheiros, filho de um pioneiro da ciência da computação. Era um não conformista de fala mansa, um rebelde com uma causa multiplicada por dez para tornar a internet exponencialmente mais relevante. Enquanto Sergey criava o comércio de tecnologia, Larry trabalhava no produto e imaginava o impossível. Era um pensador com a mente no céu e os pés no chão."

INTENSIFIQUE AS PARCERIAS PARA CRESCER

Então, embora os cofundadores do Google, lado a lado, pareçam apenas dois caras brancos, isso desconsidera suas diferenças, que, juntas, tornaram o Google uma das empresas mais transformadoras dos EUA. Não é excepcional que duas pessoas tão diferentes tenham resultado nesse ponto fora da curva.

Sabemos que quando potências unem forças, o resultado pode ser colossal, e é por isso que é tão doloroso ver nossos líderes políticos serem tão partidários. E pode ser especialmente inspirador, para não mencionar eficaz, quando os líderes cruzam as linhas partidárias em função do bem maior.

No final de 2004, depois que um terremoto e um tsunami devastaram 11 nações no sudeste da Ásia, o então presidente George W. Bush recrutou dois ex-presidentes — seu pai, George H. W. Bush, e Bill Clinton — para levantar fundos de recuperação. Não apenas os dois eram de partidos diferentes, mas sua rivalidade era pessoal. Clinton derrotara o velho Bush em 1992, negando-lhe um segundo mandato. George W. Bush havia derrotado o vice-presidente de Clinton, Al Gore, em 2000.

No entanto, em sua viagem à Ásia, os ex-presidentes ficaram tão próximos que George W. Bush mais tarde se referiu a Clinton como "meu irmão de outra mãe". Sua visita à Ásia causou um enorme impacto emocional e eles arrecadaram milhões para a iniciativa. A missão conjunta foi tão eficaz que, em 2010, o então presidente Obama enviou Clinton e George W. Bush a uma missão semelhante ao Haiti após um terremoto devastador.

Os dados dizem tudo: somos melhores juntos. Mas isso deveria mesmo nos surpreender? Agora, o desafio para cada um de nós é questionar: "Quem não está na mesa?" ou "Que perspectivas podem nos livrar dos pontos cegos ou ampliar nossa abertura?" à medida que procuramos por novas oportunidades.

VINTE

AGORA VÁ E SAIA DA BOLHA... TODOS OS DIAS

Todos temos preconceitos inconscientes e pontos cegos que distorcem a maneira como percebemos o mundo. Esses vieses afetam nosso cotidiano de inúmeras formas, comumente nos fazendo ter um olhar alheio — e nem sempre compreendendo o que vemos. A única maneira de superar esses pontos cegos é dedicando-se a desbravar e experimentar o inexplorado. E, como Stephen R. Covey recomenda em *Os 7 Hábitos das Pessoas Altamente Eficazes*, procure primeiro entender, para depois ser entendido.

Como meu marido e eu descobrimos em nossas viagens pelos EUA, quando você viaja por uma estrada desconhecida, vê coisas que não sabia que estavam lá. Isso parece óbvio, não é? Mas saber e fazer são coisas diferentes.

Ao lançar sua Aposta Alta, é preciso se cercar de pessoas diferentes de você, lembrando que equipes que adotam a diversidade e, em consequência, apresentam uma grande variedade de históricos e perspectivas, se destacam. Então, por onde começar? Faça uma lista dos atributos de sua equipe. O que está faltando? Como complementar o conhecimento, a experiência e as habilidades que já tem? Se você começou agora, certifique-se de reservar um tempo em sua agenda para um café ou almoço com aqueles que podem conferir uma nova perspectiva a sua proposta. As organizações podem formar grupos consultivos, adicionar pessoal ou contratar consultores para preencher as lacunas. Não tenha medo de ouvir os pontos de vista que o deixam desconfortável.

Planeje suas parcerias com cuidado. Pense nos interesses ou mercados a que você atende e faça uma lista de quais outras organizações compartilham desses interesses. Algumas serão óbvias, enquanto outras podem ser menos aparentes, como a estrela do rock e o político, ou a National Geographic e a 21st Century Fox.

Como Jill Andrews, podemos sair de nossas zonas de conforto para oferecer uma solução nunca imaginada por aqueles que estão do lado de dentro de um problema. Como os colaboradores do PEPFAR, podemos abrir mão em certa medida para conquistar um bem maior. Como Mellody Hobson, podemos ser pioneiros na diversidade para construir uma economia mais forte. Como a AOL, podemos fazer parcerias com nossos concorrentes. Como George H. W. Bush e Bill Clinton, podemos evitar antigos antagonismos para transformar o mundo.

Qual é a primeira atitude que você adotará para sair da bolha agora?

PARTE CINCO

SOBREPUJE A URGÊNCIA AO MEDO

Agarre a oportunidade

Seja o primeiro interventor

Não pense nem analise demais — Aja

Agora vá e faça a diferença

VINTE E UM

AGARRE A OPORTUNIDADE

Podemos escolher entre agir com urgência ou deixar que as circunstâncias nos obriguem a tomar uma decisão. Mas há um motivo para terem cunhado esta ideia: "Uma crise é algo terrível de se desperdiçar." Quando está contra a parede, as opções são limitadas e não há muito tempo para decidir, você pode ter uma sacada, descobrindo em si uma garra que talvez não soubesse que possui. Soldados são extraordinariamente corajosos no calor da batalha, cidadãos realizam atos de heroísmo em desastres e feitos inimagináveis quando precisam correr contra o tempo. As pessoas que se veem em situações assim geralmente não se conscientizam dos riscos nem do impacto que geram. Elas apenas agem.

Muitas das histórias dos capítulos anteriores tinham um aspecto de urgência. Barbara Van Dahlen sabia que os veteranos precisavam de mais assistência na saúde mental. Ernest Shackleton, abandonado nas ferozes condições da Antártida, sabia que ele e sua tripulação enfrentariam a morte se não agisse. Mas as crises nem sempre são tão extremas. Brian Chesky e Joe Gebbia sentiram a urgência de ter que pagar um aluguel iminente sem ter dinheiro no banco. Os fundadores da Warby Parker precisaram substituir um par de óculos de forma ágil e econômica.

174   SOBREPUJA A URGÊNCIA AO MEDO

A maneira como indivíduos e empresas agem em tempos de crise é uma boa medida para avaliar seu destemor. Quase todas as grandes companhias possuem estratégias de "gestão de emergência"; mas, quando uma crise empresarial vem à tona, é sua coragem, não a administração, que fica na história.

Um excelente exemplo de coragem no âmbito corporativo ocorreu em setembro de 1982, quando sete pessoas em Chicago morreram após tomar Tylenol contaminado com cianeto de potássio. Sem hesitar, o CEO da Johnson & Johnson, James E. Burke, recolheu todo o medicamento das prateleiras do país e lançou uma campanha pública alertando as pessoas para não comprarem o produto. (Ninguém na Johnson & Johnson descobriu quem havia envenenado as embalagens, e o criminoso nunca foi encontrado.)

Tirar o Tylenol de circulação lhes custou milhões de dólares, e a participação de mercado do produto despencou de 38% para 8%. No entanto, a empresa agiu *exclusivamente* no intuito de salvar vidas. E há poucas dúvidas de que a medida rapidamente posta em prática fez exatamente isso.

Em longo prazo, Burke também salvou o produto. Houve certa pressão dentro da empresa para descontinuar o Tylenol e relançá-lo com um novo nome. Mas Burke se recusou. Em vez disso, relançou o Tylenol com novas embalagens, mais resistentes a adulterações, evidenciando o compromisso da empresa com a segurança, o que tranquilizou os clientes. O setor seguiu o exemplo, fabricando embalagens mais resistentes e mais seguras para os consumidores. Dentro de um ano, a participação de mercado foi restaurada, e a Johnson & Johnson se tornou um modelo de gerenciamento de crise.

AGARRE A OPORTUNIDADE

> *"Aprendi que a coragem não é a ausência do medo,*
> *mas o triunfo sobre ele."*
>
> —— NELSON MANDELA

As lições que eu mesma tirei da coragem corporativa e do valor de uma crise aconteceram relativamente cedo na minha carreira. Nos primeiros dias da startup que se tornaria a America Online, antes de lançarmos o serviço da AOL, a empresa passou mais de um ano desenvolvendo um serviço online com a Apple, conhecido como AppleLink, que usava o logotipo da empresa. Nossa jovem startup consumiu tempo e recursos consideráveis na criação do software e de tecnologias de back-end. No entanto, desde o início da parceria, houve problemas. A Apple nunca ficou confortável com a ideia de outra empresa operar um produto/serviço sob seu nome, muito menos uma startup. Então, certa manhã, recebemos o temido telefonema — a Apple cancelou o acordo.

Em seu livro, *A Terceira Onda da Internet*, meu marido descreve essa experiência. "Foi como passar pelos cinco estágios do luto na mesma tarde", escreveu ele. Consideramos as alternativas para salvar a empresa. Por fim, decidimos utilizar a tecnologia que criamos e lançar nosso próprio serviço online. "Precisamos criar nossa marca, divulgada por nosso marketing, pago por nós", disse Steve, à época. Mas de onde viria o dinheiro agora que o acordo com a Apple havia terminado? Após uma série de conversas com executivos da empresa, chegamos a um acordo de rescisão de US$3 milhões. Hoje, não seria suficiente para manter a maioria das empresas jovens, mas funcionou para nós.

Lembro-me da leveza que esse momento proporcionou. Claro que foi amedrontador ficarmos por conta própria. Mas, livres da conturbada relação com a Apple, renovamos nossa energia e entusiasmo. Eu estava ansiosa pelas possibilidades que os dias revelariam. Naquela época, era meu trabalho liderar as atividades de comunicação, marketing e branding para escalonar esse novo serviço. Quando concordamos sobre o nome — America Online —, nosso mantra passou a ser "deixar toda a América online". Sabíamos que o tempo estava passando — tínhamos recursos limitados e um produto a ser lançado. Então, nos unimos em prol dessa missão, aproveitando o momento e sobrepondo a urgência a qualquer medo que ainda houvesse.

> *"A vida é uma aventura destemida, ou nada."*
> — HELEN KELLER

Embora as crises corporativas nos ensinem sobre a importância de sobrepor a urgência ao medo, as histórias de homens e mulheres corajosos que viveram tempos difíceis também o fazem — momentos raros que destacam aqueles que enfrentam seus medos e fazem algo extraordinário.

No início do livro, mencionei meus avós alemães, pelos quais tenho enorme respeito. Quando deixaram sua terra natal, na década de 1920, um movimento asqueroso começava a tomar forma. O Partido Nazista logo chegaria ao poder, explorando os medos daqueles que viviam em uma economia deixada em ruínas depois da Primeira Guerra Mundial.

Em minha infância, quando comecei a aprender sobre a história da Alemanha, enchia meus avós de perguntas. Eles me ajudariam a entender a ascensão do Partido Nazista? Poderiam

AGARRE A OPORTUNIDADE

explicar a incapacidade dos cidadãos que viram a ameaça, mas não encontraram uma maneira de a inibir? Como era possível que tantos ficassem calados enquanto seus compatriotas eram levados para campos ou mortos a tiros? Meus avós não tinham respostas. Eles também lutaram com os mesmos questionamentos sobre o que havia acontecido em sua antiga pátria.

Provavelmente, foram os laços de minha família com a Alemanha que despertaram meu fascínio pelas histórias das pessoas que abrigaram os necessitados ou participaram do movimento de resistência. Eu estava principalmente interessada nas histórias daqueles que arriscaram suas vidas para abrigar e proteger os judeus durante a guerra. Comecei a ler muitos relatos de bravura e sacrifício daquele período. Em um desses livros, *O Refúgio Secreto*, inspirei-me pela história da autora, Corrie ten Boom.

Corrie ten Boom era solteira aos 50 e poucos anos, e vivia com o pai e a irmã quando a guerra começou. (Talvez por ser adolescente quando ouvi sua história, não consegui mensurar como uma figura tão improvável teve tamanha importância.) O corajoso papel de Corrie na resistência começou sem premeditação, em um lapso de coragem: ela agarrou a oportunidade. Certa manhã, trabalhando na relojoaria da família (ela foi a primeira mulher relojoeira da Holanda), Corrie ouviu um tumulto do outro lado da rua. Olhando pela janela, avistou um vizinho judeu que estava sob a mira de oficiais nazistas, que o empurravam para a rua. Em seguida, os soldados correram de volta para a loja do homem e começaram a destruir tudo. Corrie correu de sua bancada em direção ao vizinho, que havia sido deixado sem defesa e atordoado. Corrie agarrou o braço dele e, apressadamente, o levou até sua loja e depois ao apartamento dela no andar de cima.

178 SOBREPUJA A URGÊNCIA AO MEDO

Essa atitude instintiva deu início à vida dupla de Corrie. Ela parecia ser uma solteirona gentil, mas, nos bastidores, era soldado da resistência. Corrie construiu um esconderijo sofisticado atrás de uma das paredes de seu quarto, grande o suficiente para acomodar uma boa quantidade de refugiados. E desenvolveu uma rede que possibilitava às pessoas que escondeu conseguirem fugir de Amsterdá. Graças a sua iniciativa, centenas de judeus foram salvos.

As atividades secretas de Corrie continuaram durante a guerra, até um dia, em fevereiro de 1944. Ela estava de cama, com gripe, quando a casa foi invadida. Milagrosamente, os soldados não descobriram o esconderijo. Mas Corrie, seu pai e sua irmã, Betsie, foram presos. Tendo sido enviados a uma prisão próxima que abrigava prisioneiros políticos, o pai de Corrie, frágil e idoso, não sobreviveu às duras condições.

Após a morte do pai, Corrie e Betsie foram enviadas para o famoso campo de concentração de Ravensbrück, onde a doença, a loucura e a exaustão do trabalho pesado eram rotineiras. Mas Corrie e sua irmã, mesmo enfraquecidas, fizeram o que foi possível para atender àqueles que estavam em situação pior. À noite, um grupo de prisioneiros se reunia enquanto Betsie lia palavras reconfortantes de uma Bíblia contrabandeada que Corrie levara consigo durante toda a provação. Betsie faleceu em dezembro de 1944. Dias depois da morte da irmã, inesperadamente, Corrie foi libertada. Ela voltou para Amsterdá e restabeleceu os contatos com a resistência, dando continuidade a seu trabalho até que o exército aliado retomou a Holanda, em maio de 1945.

Eu tinha 15 anos quando li a história de Corrie e devorei o livro. Logo depois, soube que *O Refúgio Secreto* havia sido adaptado para o cinema e que Corrie iria a uma sala de exibição local para discursar na abertura do filme. Não consegui acreditar. Ob-

AGARRE A OPORTUNIDADE

viamente, fui ao cinema nesse dia. Estava quase chorando quando Corrie, então com mais de 80 anos — seus cabelos prateados amarrados em um coque —, subiu ao palco. A atenção da plateia foi arrebatada por sua fala. Até hoje, lembro-me claramente de como suas palavras foram comoventes e inspiradoras. No final do filme, tive a oportunidade de conhecer Corrie — algo que nunca esquecerei. Sua beleza interior brilhava como um farol de amor, mas sua maneira dócil e gentil camuflava a força e o destemor que a tornou uma heroína para tantos.

. . .

Quanto às perguntas que fiz a meus avós na época, acho que todos sabíamos a resposta, mesmo que não tenha sido dita. E sabemos a resposta hoje. O medo criou o silêncio. O medo criou a inércia. O medo alimentou a conivência.

Assim como Corrie e diversos agentes de mudança destemidos que destacamos, quase sempre temos uma alternativa nos momentos em que a urgência acena. Podemos desviar o olhar e deixar que a conivência prevaleça ou aproveitar esses momentos e sobrepor a urgência ao medo para fazer a diferença.

Em 1963, de pé nos degraus do Memorial Lincoln, o reverendo Martin Luther King Jr. falou sobre a "urgência ferrenha do agora" na luta para acabar com a segregação. "Não é hora de nos darmos ao luxo de descansar ou tomarmos o calmante enganador do gradualismo", disse. Todos devemos abraçar essas palavras transformadoras.

VINTE E DOIS

SEJA O PRIMEIRO INTERVENTOR

Como nação, contamos com interventores treinados em tempos de crise. Mas e se aqueles nos quais confiamos que agirão não o fizerem? Às vezes, um primeiro interventor improvável corre para preencher o vazio.

O Walmart foi fortemente criticado pela forma como seu império prejudicou as lojas familiares nas principais ruas dos EUA. Como uma das maiores corporações do país, com receita anual de centenas de bilhões de dólares, a empresa e seu poderio atraíram um certo ressentimento. Então, um furacão devastador mostrou quem o Walmart realmente era.

O furacão Katrina atingiu o sul de Louisiana e Mississippi em 29 de agosto de 2005, deixando grande parte de Nova Orleans sob água. Quase duas mil pessoas morreram, e outras milhares ficaram isoladas em terraços e abrigos improvisados. Aqueles que chegaram à arena de esportes Superdome, onde era oferecido abrigo de emergência, encontraram condições deploráveis, e comida e água impróprias para consumo.

A Agência Federal de Gerenciamento de Emergências (FEMA, na sigla em inglês), a primeira interventora oficial para desastres naturais — minimizou a crise e rejeitou imperiosamente as ofertas de ajuda de todo o país. Os dias se passavam, e os norte-americanos assistiam, incrédulos, à cena desesperadora no noticiário nacional.

O CEO do Walmart, H. Lee Scott Jr., sabia que sua empresa, que tinha centenas de lojas em toda a região, poderia ajudar. O Walmart não apenas investiu recursos maciços em prol da assistência — incluindo 2.500 caminhões carregados de mercadorias —, como também nomeou alguns de seus colaboradores na região para deliberarem a respeito do que mais ajudaria suas comunidades. Scott deu esta orientação aos gerentes das lojas: "Muitos de vocês terão que tomar decisões que estão além de sua alçada. Tomem a melhor decisão possível com as informações disponíveis no momento e, acima de tudo, façam a coisa certa."

Com uma postura resoluta e ousada, Jessica Lewis, a gerente assistente de uma loja em Waveland, Mississippi, dirigiu uma retroescavadeira pelas ruínas da loja, coletando alimentos não perecíveis, roupas, água e outros suprimentos para dar aos vizinhos. "Ela não ligou para o escritório para pedir permissão", disse Scott com admiração. "Ela simplesmente fez a coisa certa. Assim como milhares de nossos associados, uma característica que tenho orgulho de dizer que é fomentada em nossa cultura."

Quando os ânimos se acalmaram, Scott desafiou seu conselho e a alta gerência a refletir sobre a capacidade do Walmart de alcançar o bem-estar social. "E se", perguntou, "usássemos nosso porte e recursos para tornar este país e esta Terra um lugar ainda melhor para todos nós: clientes, associados, filhos e gerações futuras? O que isso significaria? Nós poderíamos fazer isso? Essa postura é coerente com nosso modelo de negócios? E se nossas características que muitas pessoas criticam — nosso porte e alcance — se tornassem um amigo de confiança e um aliado de todos, como fizemos no episódio do Katrina?".

SEJA O PRIMEIRO INTERVENTOR

> *"Fiquei impressionado com a urgência de fazer.*
> *Saber não é suficiente; devemos aplicar.*
> *Estar disposto não é suficiente; devemos fazer."*
>
> — LEONARDO DA VINCI

Qualquer empresa — ou pessoa — é capaz de entrar no meio de uma crise e fazer a diferença. Certamente, é nisso que um famoso chef de Washington, D.C., acredita.

José Andrés se considera um produto do novo "Sonho Americano". Chegou aos EUA da Espanha aos 20 anos, ansioso por desenvolver seus talentos como chef e usar seu ofício para fazer a diferença além da cozinha. No início da década de 1990, foi-lhe oferecida a posição de chef no Jaleo, um novo restaurante de tapas em D.C. que rapidamente se tornou um local favorito dos moradores de Washington. À medida que sua reputação se espalhou, ele e seu sócio, Rob Wilder, abriram vários outros restaurantes pela cidade.

Conheci José há 15 anos, quando ele organizou um evento para arrecadar fundos para a D.C. Central Kitchen, uma organização que trabalha no combate à fome em Washington. (José integrou o conselho.) Observei seu jeito motivado e empolgado — tranquilamente mudando de assunto ao conversar sobre o poder da comida e, então, sobre mudar o mundo, ao mesmo tempo que enchia as taças de vinho vazias que ele via nas mãos dos convidados.

O compromisso de José em fazer a diferença fez com que ele se tornasse um interventor pouco provável. Em 2010, ele fundou a World Central Kitchen, depois de viajar para o Haiti após um terremoto devastador. "Preparamos refeições para as pessoas e mostramos o que poderia ser feito com a energia do sol", disse ele. Nos anos seguintes, ele continuou a oferecer ajuda humanitária, mais comumente logo após catástrofes naturais, como as que atingiram Houston, Porto Rico e Guatemala. Ele entende a importância da alimentação tanto do ponto de vista nutricional quanto como agente de mudança. Ao chegar, José monta uma cozinha improvisada e, muitas vezes sob um calor sufocante, inicia um padrão diário de cozinhar e preparar comida, que filma para as mídias sociais para conscientizar e levantar fundos. (Ele tem a atenção de agradecer publicamente aos parceiros corporativos e sem fins lucrativos que o ajudam a se mobilizar.) O *Washington Post* chamou José de "o rosto da assistência norte-americana para desastres".

O trabalho de José em Porto Rico foi extraordinário. Depois que o furacão Maria se abateu, debilitando a transmissão de energia e causando escassez maciça de alimentos e água, José chegou à ilha e imediatamente mobilizou um exército de chefs, empresas e cidadãos de todas as classes sociais para alimentar a população. O objetivo era chegar ao local rapidamente e fornecer refeições para o maior número de pessoas possível. Escalonando rapidamente, de uma cozinha que servia mil refeições no primeiro dia a 23 cozinhas servindo 175 mil refeições diárias, José e suas equipes se tornaram a salvação para muitos na ilha. No final, serviram mais de 3,5 milhões de refeições. O *New York Times* chamou o World Central Kitchen de "o maior programa de alimentação emergencial já criado por um grupo de chefs".

No mesmo ano em que José fundou a World Central Kitchen, a secretária de Estado Hillary Clinton também o nomeou embaixador da Global Alliance for Clean Cookstoves. Estima-se que cerca de três bilhões de pessoas em todo o mundo cozinhem sua comida ou aqueçam suas casas com fogareiros de madeira que não foram devidamente projetados. A fumaça desses incên-

SEJA O PRIMEIRO INTERVENTOR

dios acarreta problemas de saúde que vão desde infecções a doenças cardíacas e pulmonares, e até a morte. O preço dos incêndios no planeta também é significativo, levando ao desmatamento e à liberação significativa de carbono na atmosfera.

José também desempenhou um papel ativo na campanha Let's Move, de Michelle Obama, cujo propósito era conscientizar da necessidade de frutas e verduras em uma dieta saudável, abrindo o restaurante vegetariano fast-casual ironicamente chamado de Beefsteak, com o slogan "Legumes à Solta". No mesmo período, ele usou sua plataforma (ele foi nomeado uma das 100 pessoas mais influentes no mundo pela revista *Time* em 2012 e em 2018) para se posicionar contrário aos pedidos para restringir o fluxo de imigrantes para os EUA.

Com todo seu sucesso, José continua humilde. "Meu nome é José Andrés e sou cozinheiro", disse ele, na sombra do Monumento a Washington, em 2014, em um discurso de formatura da Universidade George Washington. "Quando o presidente Knapp me pediu para discursar na formatura, pensei: 'Por que um chef?' Até minhas filhas disseram: 'Pediram que você falasse ou cozinhasse para eles?'" Os estudantes riram, encantados com aquele homem que era tudo, menos um simples cozinheiro.

José falou para os graduados sobre o novo Sonho Americano, aconselhando: "A ideia não se resume em empregos com altos salários, casas grandes, carros velozes. Não há nada de errado nisso, mas o novo Sonho Americano é algo maior. Ele se refere a alcançar seu sucesso ao mesmo tempo em que impacta o mundo. O que cria para si mesmo, você também precisa criar para os outros."

José incorpora o tipo de espírito destemido que testemunhamos quando nossa nação passa por uma crise. Pense nos voluntários que se mobilizaram em 2017 com os incêndios na Califórnia, incluindo duas jovens mulheres, Emily Putt e Hilary Hansen, que resgataram 150 cavalos deixados para trás quando seus donos foram forçados a fugir. Pense nos pequenos empresários, como Jim McIngvale, de Houston, conhecido como Mattress Mack, que abrigou em suas lojas de colchões centenas de pessoas forçadas a abandonar suas casas quando o furacão Harvey as atingiu, em 2017. Pense em Jonathan Smith, frequentador regular de concertos, que ajudou outras pessoas a escapar do tiroteio em massa mais letal da história moderna, em um festival de música country em Las Vegas, antes de ser baleado ele mesmo duas vezes. (Os médicos deixaram uma das balas no pescoço, temerosos de que a retirada causasse mais danos.) Dia após dia, em todo o país e em todo o mundo, os atos destemidos e altruístas daqueles entre nós podem nos fazer acreditar — e talvez nos dar a coragem para agir.

• • •

Paul Rieckhoff nunca planejou que sua vida fosse do jeito que se desenrolou. Após a formatura de Amherst, ele foi para Wall Street. "Por um tempo, fiquei preocupado que minha geração fosse uma geração em que nada de importante acontecesse", disse ele aos alunos em um discurso em sua universidade. "Não houve nenhuma chamada para nós respondermos." Então, o 11 de Setembro aconteceu. Paul, que estava na Guarda Nacional como "guerreiro de fim de semana", ofereceu-se para integrar o exército e foi enviado para o Iraque, onde serviu até 2004. Ele voltou para uma nação mal equipada para atender a essa nova geração de veteranos. Veteranos do Iraque e Afeganistão logo perceberam que não tinham um defensor para resguardar suas necessidades e preocupações específicas.

SEJA O PRIMEIRO INTERVENTOR

Ao visitar Amherst, vestido com seu uniforme militar, dois veteranos do Vietná que Paul nunca conhecera se aproximaram dele na rua. "Bem-vindo ao lar, cara", disseram. "Agora precisamos que você sirva novamente." Essa foi sua inspiração para a criação do Iraq and Afghanistan Veterans of America (IAVA).

Por muito tempo, Paul sentiu-se como Jesus no deserto. Ele reconheceu que, enquanto nós, como nação, estamos cheios de espírito patriótico em apoiar soldados quando marcham para lutar, muitas vezes perdemos o interesse quando voltam para casa com feridas e TEPT apenas para lutar contra o mercado de trabalho. Desde sua fundação, há mais de dez anos, a IAVA tornou-se uma das organizações mais influentes que defendem o apoio aos veteranos, com quase meio milhão de membros hoje. A missão de Paul é levar para casa a urgência sentida no campo de batalha, e seu empreendimento revolucionário resultou em programas de emprego, recursos de saúde mental, programas de orientação e iniciativas de construção de comunidades.

A princípio, foi a urgência do 11 de Setembro que fez com que Paul mudasse sua trajetória e respondesse a um chamado. Hoje, o que o impulsiona é a urgência do sofrimento de homens e mulheres que serviram a nossa nação despretensiosamente. Conhecendo Paul, minha aposta é que ele não descansará até que a missão seja cumprida.

É fácil pensar nos primeiros interventores como pessoas ousadas e impetuosas, que talvez sejam mais corajosas do que achamos que somos. As histórias deste capítulo ensinam que qualquer pessoa de qualquer lugar pode ser a primeira interventora em uma crise que presencia. Existe uma crise imediata ou mesmo em curso que você está observando que o está chamando para se jogar e agir?

VINTE E TRÊS

NÃO PENSE NEM ANALISE DEMAIS — AJA

Muitos materiais têm sido escritos sobre a diferença entre as pessoas que agem com urgência e as que procrastinam. Talvez o famoso slogan "Just Do It", da Nike, tenha uma mensagem secundária: "Não perca muito tempo pensando nisso." Essa ideia parece contradizer o conselho que a maioria de nós recebeu por toda a vida. Calcule quantas vezes você já ouviu: "Não seja apressado!" ou "Pense nisso com muito cuidado". Não é de se admirar que o "Just Do It" não seja algo feito com naturalidade.

Percebi que havia valor em ambas as mensagens quando estava me preparando para saltar de bungee jump, no ar pela primeira vez. Meu cérebro me ordenava: "Não faça isso", talvez com razão. *Queremos* que nosso cérebro nos diga para não assumir riscos que nos coloquem em perigo. Mas eu tinha pesado cautelosamente os riscos incorridos e estava convencida de que seria seguro. E então, contando: "Três… dois… um!", eu pulei. Isso foi quase 30 anos atrás, e, claro, deu tudo certo.

Em seu livro *A Regra dos 5 Segundos*, Mel Robbins sugere que a "abordagem da contagem regressiva" é um grande "truque do cérebro" para agir se você estiver sentindo medo, estresse ou vontade de procrastinar. Na abertura do livro, Robbins descreve um período de sua vida em que não encontrava motivação para sair da cama. Certa manhã, tendo assistido a um lançamento de foguete no dia anterior, ela se viu contando em voz alta: "Cinco... quatro... três... dois... um", e pulou da cama. Para Robbins, esse foi um momento de mudança de vida.

Em entrevista à revista *Inc.*, ela descreve a abordagem da contagem regressiva assim: "Quando você age com coragem, seu cérebro não se envolve. Seu coração fala primeiro, e você o ouve. Os cinco segundos são críticos tanto para acionar a parte de ação rápida do cérebro quanto para limitar a influência de sua parte de ação lenta. Decida e aja." Uma vez desencadeada a ação, disse ela, você pode usar os cinco minutos seguintes para focar aquilo que tem medo de fazer. "Quando você toma essa decisão de cinco segundos para comprometer cinco minutos, quebra o ciclo e prova que é capaz de enfrentar o estresse."

Em seu livro *Fail Fast, Fail Often*, os autores Ryan Babineaux e John Krumboltz refletem sobre uma série de pesquisas na parte "Pensar Muito Pode Detê-lo". Resumindo as descobertas dos estudos, eles concluem que "quanto mais tempo você passa levantando informações e fazendo escolhas:

- mais confuso e hesitante fica;
- é mais provável que você mantenha o *status quo* e ignore opções melhores;
- é mais provável que você dê brecha para que fatores fúteis distorçam suas ações;
- menos energia terá para agir e perseverar nos desafios."

Esses dados são intrigantes e ajudam a aliviar o estresse das pessoas que não têm outra opção a não ser agir *agora*, como ocor-

NÃO PENSE NEM ANALISE DEMAIS — AJA

reu em uma das maiores crises financeiras do país. No final de 2008, com a economia em queda livre, a General Motors estava à beira do colapso; até o final do ano, a GM tinha mais de US$30 bilhões em dívidas. No final de seu governo, o então presidente George W. Bush aprovou um pacote de resgate em curto prazo de US$17 bilhões, que não resolveria a crise, apenas taparia o sol com a peneira.

Em fevereiro de 2009, com uma nova administração na Casa Branca, o presidente da GM, Rick Wagoner, foi a Washington para se reunir com a força-tarefa do então presidente Obama e implorar por ajuda. A insolvência não significaria somente a perda de dezenas de milhares de empregos em empresas como a General Motors e a Chrysler, mas também de seus fornecedores. Um resgate não era popular no Congresso. Muitos acreditavam que a GM era vítima de sua má gestão e que, como empresa privada, deveria arcar com as consequências de suas escolhas.

Tendo que tomar uma decisão rápida, Obama e seus assessores econômicos decidiram fazer uma Aposta Alta e aprovar um resgate de US$85 bilhões para a GM e a Chrysler. Não havia como saber se isso esvaziaria inutilmente os cofres públicos ou revitalizaria o setor automobilístico. Mas o risco de não agir era devastador, então a urgência sobrepujou o medo.

E funcionou. A disposição de Obama e Timothy Geithner, secretário do Tesouro, para agir fortaleceu a economia e salvou uma das principais indústrias dos EUA. Mas, como Geithner observa: "Não se pode julgar uma decisão pelos resultados; apenas se faz sentido, conforme os dados que se tem no momento."

Esse mesmo espírito de urgência esteve presente em outra iniciativa destemida implementada por Obama e sua equipe. Preocupado com as lacunas de oportunidades enfrentadas por rapazes negros e, assim, com o objetivo de garantir que todos os jovens tivessem oportunidades equiparadas de atingir o máximo de seu potencial, Obama criou o My Brother's Keeper, um projeto para incentivar os setores públicos, privados e sem fins lucrativos a trabalharem nessas questões. A iniciativa levou à criação da MBK Alliance, lançada em 2015 para dimensionar e viabilizar essa missão. No final de 2017, a MBK Alliance passou a integrar a Fundação Obama.

O próprio Michael Smith, da Case Foundation, foi chamado pela primeira vez para ajudar a liderar a proposta da Casa Branca e hoje atua como diretor executivo da MBK Alliance. (Michael teve um papel crucial ao nos ajudar a desenvolver nosso trabalho original sobre Não Ter Medo e difundir esses ideais.) Ele é a pessoa perfeita para liderar a MBK Alliance, pois superou barreiras significativas como um jovem que cresceu em circunstâncias desafiadoras. Ele é um legítimo inovador, e qualquer um que o conheça vê como vive com senso de urgência ao abordar as questões de nossas comunidades, e como leva uma aura destemida a seu trabalho todos os dias.

É fácil ver como a ideia de "Just Do It" surge com mais naturalidade no calor do momento, e há inúmeras histórias de pessoas em um momento de crise iminente que ainda encontram maneiras de agarrar a urgência para fazer a diferença.

Em 1954, Bertha e Harry Holt — ela, enfermeira; ele, fazendeiro e lenhador — sentaram-se incrédulos em um auditório do ensino médio no Oregon enquanto ouviam uma palestra do Dr. Bob Pierce, um jovem pastor que recentemente fundara uma organização de assistência, a World Vision. Como as forças das Nações Unidas, em sua maioria norte-americanas, retiraram-se da Península Coreana após a Guerra da Coreia, muitas crianças nascidas de mães coreanas e geradas por soldados foram aban-

NÃO PENSE NEM ANALISE DEMAIS — AJA

donadas. Dr. Pierce mostrou um filme de cortar o coração sobre essas crianças de rua, que foram deportadas de sua sociedade por causa do suposto "sangue misto".

Os Holts, que estavam na casa dos 50 anos, travaram as próprias batalhas na Grande Depressão, tendo deixado uma fazenda falida no Centro-Oeste para construir uma serralharia bem-sucedida em Oregon. Em 1950, Harry vendeu o negócio para reconstruir suas forças quando um ataque cardíaco o deixou em uma cadeira de rodas. Grato por sua recuperação, Harry disse a Bertha que queria passar os próximos dias expressando sua gratidão pela benevolência de Deus para com ele.

Comovidos pelas imagens na tela de crianças coreanas abandonadas, os Holts começaram a enviar doações para a World Vision. Mas não conseguiam tirar as crianças desesperadas de suas mentes. Assim, com seis filhos, alguns dos quais ainda moravam com eles, decidiram adotar oito crianças coreanas. Porém, quando correram a papelada, foram impedidos por uma lei que limitava as adoções estrangeiras a uma criança por família. Disseram-lhes que, para mudar a lei, era necessário um ato do Congresso, ao que Bertha respondeu: "Então é isso o que faremos."

Quando Harry foi para a Coreia a fim de começar a organizar as adoções, Bertha lançou uma campanha de lobby no Congresso. A Lei Holt foi assinada em 1955, e os Holts incluíram oito filhos — crianças pequenas e recém-nascidas — à família. No entanto, seu trabalho não terminou aí. No ano seguinte, os Holts administravam uma agência de adoção de um prédio do Exército de Salvação para levar mais crianças para os EUA e ajudar na adoção doméstica. Mas eles descobriram que crianças com deficiências ou necessidades especiais não conseguiam encontrar casas facilmente. Assim, no final de 1961, fundaram um abrigo em Seul, financiado pela venda de sua serralharia. Harry

194　　SOBREPUJE A URGÊNCIA AO MEDO

morreu repentinamente não muito tempo depois, mas Bertha prosseguiu com o projeto e obteve sucesso, continuando até sua morte, em 2000. Ela era conhecida na Coreia como vovó Holt.

> *"Um pequeno grupo de espíritos determinados, motivados por uma fé insaciável em sua missão, pode mudar o curso da história."*
>
> —— MAHATMA GANDHI

Em 2017, visitei o complexo em Seul, junto com uma amiga próxima — uma adotada dos Holts. A instalação agora é administrada por Molly, uma filha dos Holts que tem 80 anos. Fiquei especialmente comovida com o Holt Agency Museum, uma homenagem aos fundadores e seu trabalho, localizado na propriedade. A parede de entrada do museu exibe milhares de pequenas imagens de órfãos adotados ao longo do tempo. A colagem das fotos forma três palavras: "Love in Action" [em tradução livre, algo como "promovendo o amor"]. Passeamos pelos corredores repletos de memorabilia, histórias e documentação de dezenas de milhares de vidas que foram mudadas devido ao compromisso solidário e afetuoso de um casal humilde de Eugene, Óregon. Eles fizeram mais do que agir; eles começaram um movimento.

• • •

Marta Gabre-Tsadick passou décadas trabalhando para melhorar a vida das pessoas da Etiópia. Junto com seu marido, Deme Tekle-Wold, fundou o Projeto Mercy, uma organização sem fins lucrativos que fornece alimentos, educação, treinamento profissional e assistência médica a etíopes e refugiados de outras nações africanas. Quando Steve e eu visitamos Marta pela primeira vez, em 2004, o fator urgente era uma crescente fome que devastava

NÃO PENSE NEM ANALISE DEMAIS — AJA

o país. Conheci Marta através de meu amigo Billy Shore, cofundador do Share Our Strength, que estava levantando fundos nos EUA para ajudar o projeto, já em andamento, na Etiópia, e nos juntamos a eles. Eu disse a Billy que queria entender melhor os desafios e oportunidades na Etiópia, e ele me falou duas palavras: "Apenas vá." Foi o que fizemos.

Ainda me lembro da viagem de quatro horas pela estrada esburacada de terra nos esquivando do contingente de bois e cabras, enquanto seguíamos para a remota vila de Yetebon. Quando finalmente saímos da caminhonete coberta de poeira, no ato, fiquei impressionada com o jeito cordial de Marta e com uma beleza que parecia irradiar de dentro quando nos cumprimentou.

Também ficamos intrigados com sua longa e impressionante história de engajamento. Marta já era casada e tinha dois filhos quando deixou a Etiópia para se graduar nos EUA, voltando para casa em 1954 para atuar como diretora do Ministério das Relações Exteriores da Etiópia do famoso imperador Haile Selassie. Mais tarde, foi a primeira mulher a se tornar senadora do país. Mas, quando a Guerra Civil eclodiu, em 1974, e o imperador foi posto em prisão domiciliar pelo novo regime comunista, Marta, Deme e seus filhos foram obrigados a fugir, pois suas vidas estavam em risco. Após meses de incerteza vivendo como refugiados na Grécia, eles foram autorizados a entrar nos EUA, graças ao generoso patrocínio de uma comunidade em Fort Wayne, Indiana, onde, lentamente, começaram a reconstruir suas vidas. Conscientes daqueles que deixaram para trás, fundaram o Projeto Mercy.

No início dos anos 1990, o governo comunista da Etiópia foi derrubado, e Marta e Deme retornaram à terra natal para expandir o Projeto Mercy. Eles construíram um complexo que cresceria ao longo dos anos para abarcar uma escola, um centro de treinamento profissional, um hospital e um orfanato. Em 2013, membros da Câmara dos EUA e do Senado e o diretor da Agência dos Estados Unidos para o Desenvolvimento Internacional (USAID) foram conhecer em primeira mão o importante trabalho realizado pelo Projeto Mercy. Posteriormente, anunciando um compromisso de US$2 milhões por quatro anos para expandir os serviços de saúde e nutrição do projeto, Rajiv Shah, diretor da USAID, elogiou o "programa holístico de Marta que não trata os indivíduos como beneficiários, mas como parceiros reais no desenvolvimento de comunidades dinâmicas na Etiópia". Então, continuou: "Tudo o que você tem que fazer é conhecer pessoas como Marta e Deme para saber que o futuro do desenvolvimento está nas mãos deles, não na nossa."

A missão do Projeto Mercy não é apenas fornecer comida durante a fome ou abordar as crises quando elas acontecem. "Para lutar contra a pobreza, você deve atacá-la de muitas direções diferentes e depois extirpá-la", disse Marta. "Não podemos educar as crianças se o único resultado é desiludi-las com as limitadas oportunidades de emprego atualmente disponíveis. Não podemos apenas tratar os sintomas da desnutrição na clínica sem melhorar a nutrição e a produção agrícola. Não podemos ensinar boas práticas de higiene se as pessoas ainda precisam tomar banho e beber do mesmo suprimento de água contaminada. Água limpa em todas as casas só se torna uma realidade se as condições econômicas forem melhoradas para toda a comunidade."

Pessoas como Harry e Bertha Holt, e Marta e Deme, estruturam vidas vividas com urgência, mesmo se o compromisso se estender por décadas ou gerações. E, com o passar dos anos, suas ações se uniram em algo ainda maior que a simples filantropia. Elas propiciaram a criação de movimentos.

NÃO PENSE NEM ANALISE DEMAIS — AJA

"Uma atitude desses movimentos é criar maneiras de tornar o importante urgente", observou Marshall Ganz, professor da Harvard Kennedy School. Ele estava falando sobre a mudança climática, que, embora certamente seja urgente, tem efeitos que se revelam lentamente ao longo do tempo e cujo resultado pode ser menos óbvio para alguns.

Uma das lições que ele tira de suas décadas de trabalho e estudo dos movimentos sociais é que apenas a urgência moral compele os indivíduos a agirem. Essa paixão profunda por justiça e ação é muitas vezes acompanhada de esperança, ou de um senso de possibilidade. "Se você olhar o núcleo de qualquer movimento social, descobrirá pessoas altamente comprometidas que estão prontas para assumir riscos", diz ele. "Não se trata apenas de aprovar uma lei — no fundo, eles são movimentos de reforma moral."

No escuro da noite, cada um de nós pode se perguntar: "Será que eu teria coragem de dar um passo adiante e agir quando for preciso?" No entanto, momentos de urgência não ocorrem apenas quando tropas de choque chegam à porta. Em 1910, depois de cumprir oito anos de seu mandato como presidente, Theodore Roosevelt fez um discurso inovador sobre a tensão entre aqueles que criticam e reclamam e aqueles que vão à luta e enfrentam as dificuldades, apesar do medo.

"Não é o crítico que conta; não é o homem que aponta como o homem forte tropeça, ou de que forma o homem proativo poderia ter agido melhor", disse ele. "O crédito pertence ao homem que está, de fato, no campo de batalha, cujo rosto é marcado por poeira, suor e sangue; que se esforça bravamente; que erra, que fica aquém de novo, e de novo, porque não há dedicação sem erros e falhas; o homem que realmente se esforça para fazer acontecer; que encontra grande entusiasmo, grande dedicação;

que se dedica a uma causa digna; que conhece, no final, o triunfo das grandes realizações e que, na pior hipótese, fracassa, pelo menos fracassou por ter ousado muito, para que seu lugar nunca seja aquele reservado às almas frias e tímidas que não conhecem nem a vitória nem a derrota." Roosevelt pode ter se referido ao "homem", mas hoje seu chamado é para todos aqueles que são inspirados por situações triviais ou extremas.

A famosa professora, autora e palestrante Brené Brown pensou no chamado de Roosevelt quando escreveu *A Coragem de Ser Imperfeito*. Brown, que muitas vezes se concentra nos efeitos incapacitantes da vergonha e do medo, acredita que a ousadia depende de deixar a insegurança de lado e se recusar a permitir que a incerteza o paralise. Ela escreve: "Quando passamos nossas vidas esperando até sermos perfeitos ou à prova de balas antes de ir à luta, acabamos sacrificando relacionamentos e oportunidades que podem não ser recuperáveis, desperdiçamos nosso precioso tempo e damos as costas para nossos dons, contribuições singulares que só nós podemos fazer."

Como as histórias deste capítulo demonstram, a urgência é um poderoso motivador para ir à luta sem medo. Há algo em sua vida que é tão importante que pode se tornar um chamado urgente para agir? Considere Marta, ameaçada e afastada de sua terra natal. Em vez de fugir ou se esconder, ela agiu com urgência para ajudar a criar um futuro melhor para os outros. Os Holts sabiam que as jovens vidas da Coreia estavam na corda bamba e começaram a fazer a diferença de um jeito que impactou até o futuro. O famoso discurso de Teddy Roosevelt lembra-nos de que, apesar das dificuldades, dos fracassos e das falhas, todos podemos escolher nos esforçar valentemente. Cabe a cada um de nós deixar a urgência do momento sobrepujar nossos medos e nos levar adiante.

VINTE E QUATRO

AGORA VÁ E FAÇA A DIFERENÇA

"Somos o que escolhemos", disse Jeff Bezos aos alunos da Universidade de Princeton em um discurso de formatura de 2010 sobre a importância de optar pela ação. Quando li sua mensagem, percebi que ele falava sobre sobrepujar a urgência ao medo. E a parte mais marcante foi quando Jeff fez uma série de perguntas que desafiavam os formandos a pensarem profundamente nas escolhas mais importantes que fariam para suas vidas. Vou compartilhar algumas com você:

Como você usará seus dons? Quais escolhas fará?
A inércia será seu guia ou você seguirá suas paixões?
Você seguirá o senso comum ou será original?
Você escolherá uma vida fácil ou de servidão e aventura?
Quando for difícil, você desistirá ou será implacável?

Essas são perguntas apropriadas para formandos, mas as compartilho aqui porque também são o tipo de pergunta que todos que aspirem a uma vida em prol de um propósito deveriam se fazer — e responder. O primeiro passo para a grandeza é decidir ser aquele que não deixa simplesmente a vida o levar.

SOBREPUJE A URGÊNCIA AO MEDO

Todos somos responsáveis pelo tipo de impacto que deixamos no mundo. Se você está lendo este livro, suponho que tenha um desejo profundo de abalar as estruturas — rejeitar o senso comum e fazer a diferença. Então, escolha seu campo de batalha. Você pode implementar transformações por meio dos negócios, arte, educação, movimentos sociais, política, no seu bairro. Você escolhe como incendiar tudo.

> *"Nunca duvide de que um pequeno grupo de pessoas criativas pode mudar o mundo. Na verdade, é a única forma de fazê-lo."*
>
> — MARGARET MEAD

Em seu livro *The Excellence Dividend*, o consultor de gestão Tom Peters descreve como as organizações tradicionais tendem a precisar de uma análise cuidadosa e estudada antes de tomar uma decisão, enquanto as corporações mais jovens se destacam por meio de ações urgentes. "Não havia um grande plano", escreve ele. "Não havia plano algum. O ponto de partida foi SAIR DO LUGAR." Então comece. Siga o caminho que Peters descreve como: "Quem tenta mais ações vence."

Como John Kotter, da Harvard Business School, aponta, ninguém quer admitir que é acomodado. As pessoas estão ocupadas. Se você perguntar, elas citarão várias atividades nas quais estão engajadas. O que estamos falando aqui é diferente. É preciso matar alguns leões. Pergunte-se: você consegue se colocar no lugar de pessoas como Corrie ten Boom? Como Jessica Lewis, do Walmart, consegue pegar uma retroescavadeira e desbravar escombros para encontrar suprimentos? Você consegue adotar

AGORA VÁ E FAÇA A DIFERENÇA

o espírito da Oprah ou do Astro Teller e deixar o fracasso lhe ensinar? Consegue alinhar seus negócios diários com uma missão maior, como o chef José Andrés? Consegue, como os Holts, ver uma necessidade e descobrir, sem pensar demais, como você, pessoalmente, pode ajudar?

Imagine-se dizendo em voz alta:

- *Sou aquele que vai encontrar a solução para este problema.*

- *Sou aquele que ajudará quando houver uma emergência.*

- *Sou aquele que assumirá o grande risco quando a empresa precisar de um empurrãozinho.*

- *Sou aquele que cuidará dos que ficarem para trás.*

- *Sou aquele que falará quando os outros estiverem quietos.*

- *Sou aquele que contará a história que precisa ser contada.*

- *Sou aquele que, com sangue nos olhos, ousará agir.*

Você pode decidir fazer a diferença? Aqui está o segredo: não é preciso ter uma habilidade fora do normal, um carisma estrondoso nem quaisquer vantagens especiais. As pessoas não se tornam heroínas por terem sido abençoadas com poderes extraordinários, mas porque, quando veem a urgência, simplesmente escolhem agir.

Agora é o momento de todos decidirmos se nos deteremos ou mergulharemos em vidas repletas de sentido. Faço votos sinceros de que você sinta essa urgência como uma força interior e escolha estar entre os que não se detêm. Este chamado é para você.

EPÍLOGO

DE VOLTA AO NORMAL

Dizem que quando uma porta se fecha, outra se abre, mas isso é uma metáfora. De forma análoga, um tanto quanto literal, quando a porta do avião se fechou em Washington, D.C., não demorou muito para que outra fosse aberta em uma pequena cidade no interior do país, aparentemente a meio mundo de distância.

Foi meu marido que deu a ideia de que eu viajasse sozinha para a cidade onde fui criada para escrever este livro. Ele não sabia que, nesse percurso, eu me apaixonaria. Não por outra pessoa, não é isso, mas, novamente, pela cidade que me criou, que incutiu em mim os valores que alicerçam quem sou; a cidade que, de tantas maneiras, me definiu, embora as circunstâncias não me tivessem permitido ficar além da adolescência.

Voltei a Normal para fazer grandes perguntas e buscar grandes respostas. Não tenho mais nenhum familiar lá, apenas seus túmulos, que visitei, restaram. Mas a casa logo na esquina daquela em que meus avós viveram, que aluguei pelo Airbnb, garantiu que eu não fugisse do meu passado. Aluguei uma bicicleta para as pausas na escrita, e todos os dias eu passava pela antiga casa dos meus avós e acenava com a cabeça. Nunca bati na porta para me apresentar aos novos donos. Estar perto de um lugar que gerou tantas memórias queridas bastava.

A casa em que fiquei tinha mais de 100 anos e foi elegantemente restaurada. Era significativo para mim estar em uma estrutura cujo passado fora tão profundamente explorado. As fundações da casa eram sólidas, sustentando a estrutura por um século de mudanças. Suas melhores e mais marcantes características — os vidros ondulados, o rico mogno, o pátio inclinado que dava para o amplo e arborizado quintal — eram as mesmas, mas foram cuidadosamente restauradas para ostentar novamente sua glória original. No silêncio do anoitecer, ou no resplandecer da alvorada, quase se podiam ouvir os ecos da família que primeiro ocupara a casa, no início do século XX.

No silêncio da minha solidão, refleti que também temos alicerces, definidos no nascimento, e atributos especiais para fomentar e protegê-los, para que não sejam desgastados nem perdidos com o tempo. Quando crianças, corremos para escalar árvores altas, para tentar coisas novas sem pensar muito nas próprias limitações. Quando caímos, nos levantamos e continuamos. Para mim, essa era a vida em Normal. Mas esse tipo de vida destemida não é "normal", de forma geral.

Assim, a questão se torna como cada um de nós se aprofunda em si mesmo para encontrar o próprio caminho de volta, talvez não para o normal, mas para aquele eu primitivo, mais destemido, que sussurra: "Eu o desafio!"

Escrevi este livro porque, nesses seis anos em que venho compartilhando os princípios de Não Ter Medo, inúmeros homens e mulheres me procuraram para contar como tudo isso os inspirou. Um jovem estudante de MBA de Notre-Dame mudou seu foco de carreira para o engajamento público. Uma mulher que

DE VOLTA AO NORMAL

por décadas pensou em planejar um novo museu em sua cidade está agora a caminho de fazer isso acontecer. Essas histórias comumente me vêm de empresas, organizações sem fins lucrativos, empreendedores, ativistas sociais e pessoas comuns que foram inspiradas a ter garra, assumir riscos, saber utilizar o fracasso e correr em busca de seus sonhos para fazer a diferença no mundo. Talvez um dia eu ouça a sua história.

Agora, não tenha medo e mude o mundo.

NOTAS

PARTE UM: APOSTE ALTO

CAPÍTULO UM: COMECE EXATAMENTE ONDE ESTÁ

4 *Não demorou muito* [Barbara Van Dahlen]: Jean Case: "Fearless Spotlight: Barbara Van Dahlen." www.casefoundation.org, 30 de março de 2016; veja também www.giveanhour.org.

6 *Aquela mulher era a Madame C.J. Walker*: A'Lelia Bundles, *On Her Own Ground: The Life and Times of Madam C.J. Walker*. Scribner, 2001; madamcjwalker.com.

8 *No final da década de 1990,* [Brian Chesky e Joe Gebbia]: "How I Built This: Joe Gebbia." NPR, 17 de outubro de 2016; Leigh Gallagher: "The Education of Airbnb's Brian Chesky." *Fortune*, 26 de junho de 2015; Catherine Clifford: "How the Cofounder of Airbnb Went from $25,000 in Credit Card Debt to Running His $30 Billion Company." CNBC, 30 de junho de 2017.

11 *Imagine que você seja universitário* [Rachel Sumekh]: "The Swipe Out Hunger Founder Is the Robin Hood of College Meal Plans." *LA Weekly*, 3 de maio de 2017; Katie Lobosco: "She's on a Mission to Make America's Colleges Hunger-Free." CNN Money, 12 de junho de 2017.

CAPÍTULO DOIS: SEJA AUDACIOSO

19 *Eu era jovem demais*: President John F. Kennedy: "Excerpt from the 'Special Message to the Congress on Urgent National Needs.'" 21 de maio de 1961; John Geraci: "What Your Moonshot Can Learn from the Apollo Program." *Harvard Business Review*, 4 de abril de 2017.

21 *Poucas empresas modernas* [Astro Teller]: Derek Thompson: "Google X and the Science of Radical Creativity: How the Secretive Silicon Valley Lab Is Trying to Resurrect the Lost Art of Invention." *Atlantic*, 13 de novembro de 2017; Alexandra Wolfe: "Astro Teller, 'Captain of Moonshots': The Head of Alphabet's Research-and-Development Lab X Talks about Encouraging Creativity at Work, Embracing Failure and His Company's Latest Projects." *Wall Street Journal*, 18 de novembro de 2016.

23 *É por isso que, quando um inovador* [Elon Musk]: Ashlee Vance, *Elon Musk: Tesla, SpaceX, and the Quest for a Fantastic Future*. Ecco, 2015; Jethro Mullen: "Elon Musk Wants to Fly You Anywhere in the World in Less Than an Hour." CNN Tech, 29 de setembro de 2017; Nick Stockton: "Elon Musk Announces His Plan to Colonize Mars and Save Human- ity." *Wired*, 27 de setembro de 2016.

24 *Vivemos em tempos audaciosos*: Greg Satell e Srdja Popovic: "How Protests Become Successful Social Movements." *Harvard Business Review*, 27 de janeiro de 2017.

24 *Pense no movimento Parkland*: Charlotte Alter: "The School Shooting Generation Has Had Enough." *Time*, 22 de março de 2018; David S. Meyer: "The Parkland Teens Started Something. How Can It Become a Social Movement?" *Washington Post*, 13 de abril de 2018.

NOTAS

25 *Após promover uma competição nacional*: Joe Vanden Plas: "Jordyn Schara: From Teen Activist to Adult Difference-Maker." *InBusiness*, outubro de 2015.

26 *Se eu lhe disser que alguém pode* [Greyston Bakery]: Jesse Seaver: "Businesses with Impact: The Greyston Foundation and Their Open Hiring Policy." *Huffington Post*, 6 de dezembro de 2017; "No Résumé? No Problem at This Yonkers Bakery." NPR, 24 de maio de 2015.

27 *"Se o Chile pode fazer, você também pode!"* [Michelle Bachelet]: Elizabeth Royte e Michel Greshko: "Chile Adds 10 Million Acres of Parkland in Historic First." nationalgeographic.com, 29 de janeiro de 2018.

CAPÍTULO TRÊS: SUPERE AS EXPECTATIVAS

29 *Há uma foto muito especial* [Eunice Kennedy Shriver]: Eileen McNamara, *Eunice: The Kennedy Who Changed the World*. Simon & Schuster, 2018; Evan Thomas: "The Fierce Rebellion and Compassion of Eunice Shriver." *Washington Post*, 13 de abril de 2018.

31 *Uma dentre esses atletas*: Lorettta Claiborne: "Let's Talk about Intellectual Disabilities." TEDxMidAtlantic, 11 de dezembro de 2012; "Timothy Shriver's Greatest Spiritual Teacher." *SuperSoul Sunday*, Oprah Winfrey Network, 23 de novembro de 2014; "Aim High and Do Your Best." special olympics.org; lorettaclaiborne.com.

33 *A inspiração de Enric*: blog/nationalgeographic.org/enricsala.

34 *Ela pegou uma tesoura* [Sara Blakely]: Mary Logan Bikoff: "The Uplifter: How Spanx CEO Sara Blakely Became One of the Most Inspirational Women in Business." *Atlanta*, dezembro de 2017.

NOTAS

35 *David e Neil eram alunos de MBA*: Michael Fitzgerald: "For Warby Parker, Free Glasses Equals Clear Company Vision." *Entrepreneur*, 10 de fevereiro de 2015; Sean Tennerson: "Spotlight on Social Enterprise: Warby Parker." www.casefoundation.org, 10 de fevereiro de 2015; B. R. J. O'Donnell: "Warby Parker's Co-Founder on Starting a Company from Scratch." *Atlantic*, 5 de outubro de 2017.

37 *O advogado* [Bryan Stevenson]: Paul Barrett: "Bryan Stevenson's Death-Defying Acts." *NYU Law Magazine*, 2007.

37 *"Os negros norte-americanos carregam um grande fardo"*: James McWilliams: "Bryan Stevenson on What Well-Meaning White People Need to Know about Race." *Pacific Standard*, 6 de fevereiro de 2018.

CAPÍTULO QUATRO: OBSERVE AO REDOR

42 *Observar ao redor* [Jeff Bezos]: Brad Stone: *The Everything Store: Jeff Bezos and the Age of Amazon*. Little, Brown, 2013; Avery Hartmans: "The Fabulous Life of Amazon CEO Jeff Bezos, the Second-Richest Person in the World." *Business Insider*, 15 de maio de 2017.

45 *Uma das minhas favoritas* [Sarah Parcak]: Emily Burnham: "Egyptologist from the Queen City Makes Waves in the Valley of the Kings." *Bangor Daily News*, 6 de outubro 2011; Abigail Tucker: "Space Archaeologist Sarah Parcak Uses Satellites to Uncover Ancient Egyptian Ruins." *Smithsonian*, dezembro de 2016; Sarah Kaplan: "Meet Sarah Parcak, a High-Tech Indiana Jones, Who Just Won $1 Million for Tracking Down Antiquities Looters." *Washington Post*, 12 de novembro de 2015.

NOTAS

PARTE DOIS: SEJA OUSADO, ARRISQUE-SE

CAPÍTULO SEIS: SAIA DA ZONA DE CONFORTO

58 *Particularmente, inspirei-me em* [Eliza Scidmore]: Nina Strochlic: "The Woman Who Shaped National Geographic." *National Geographic*, fevereiro de 2017; Jennifer Pococh: "Beyond the Cherry Trees: The Life and Times of Eliza Scidmore." nationalgeographic.com, 27 de março de 2012; Michael E. Ruane: "Cherry Blossoms' Champion, Eliza Scidmore, Led a Life of Adventure." *Washington Post*, 13 de março de 2012.

60 *A história é repleta de contos* [Sir Ernest Shackleton]: Alasdair McGregor: "Endurance: A Glorious Antarctic Failure." *Australian Geographic*, 22 de janeiro de 2015; "Shackleton's Voyage of Endurance." NOVA Online/ pbs.org, fevereiro de 2002.

CAPÍTULO SETE: ENTENDA O RISCO COMO P&D

65 *No final dos anos 1700, quando a varíola devastava* [Dr. Edward Jenner]: The Jenner Institute. www.jenner.ac.uk.

65 *Outro grande exemplo* [Jane Goodall]: The Jane Goodall Institute. jane goodall.org; *Jane* [o filme]. National Geographic Studios, Public Road Productions, 2017.

67 *Jonas Salk também correu um grande risco*: Charlotte DeCroes Jacobs, *Jonas Salk: A Life*. Oxford University Press, 2015.

68 *Em seu célebre livro*: Eric Ries, *A Startup Enxuta*. Ed. Leya, 2012.

69 *Ries destaca*: "The Zappos Family Story." www.zappoinsights.com; Jay Yarow: "The Zappos Founder Just Told Us All Kinds of Crazy Stories—Here's the Surprisingly Candid Interview." *Business Insider*, 28 de novembro de 2011.

CAPÍTULO OITO: DÊ CONTINUIDADE AO TRABALHO DOS OUTROS

71 *Há alguns anos*: Steven Johnson, *How We Got to Now: Six Innovations That Made the Modern World*. Riverhead Books, 2014.

74 *O movimento do microcrédito* [Jessica Jackley]: Nathan Chan: "How Kiva's Jessica Jackley Turned a Simple Idea into $1B in Microloans." *foundr*, 22 de março de 2018; veja também kiva.org.

75 *As microempresas não criam oportunidades*: Peter W. Roberts and Deonta D. Wortham: "The Macro Benefits of Microbusinesses." *Stanford Social Innovation Review*, 16 de janeiro de 2018.

75 *Atualmente, Steve conduz uma iniciativa* [Rise of the Rest]: Andrew Ross Sorkin: "From Bezos to Walton, Big Investors Back Fund for 'Flyover' Startups." *New York Times*, 4 de dezembro de 2017; Alex Konrad: "A Bevy of Billionaires Join Steve Case's $150 Million 'Rise of the Rest' Startup Fund." *Forbes*, 5 de dezembro 2017; also Rise of the Rest Seed Fund, www.revolution.com.

76 *Justin Knopf, um jovem agricultor*: Miriam Horn: *Rancher, Farmer, Fisherman*. W. W. Norton & Co., 2017; Miriam Horn: "When Industrial-Scale Farming Is the Sustainable Path." *PBS NewsHour*, 6 de setembro de 2016; "Meet the Unsung Conservation Hero You're Overlooking." GreenBiz, 27 de agosto de 2016.

CAPÍTULO NOVE: ARRISQUE-SE OU ARREPENDA-SE

81 *A* Psychology Today *publicou*: Peter Gray, Ph.D.: "Risky Play: Why Children Love It and Need It." *Psychology Today*, 7 de abril de 2014.

81 *No entanto*: Josh Linkner: *The Road to Reinvention: How to Drive Disruption and Accelerate Transformation*. Jossey-Bass, 2014.

NOTAS 213

81 *Considere a lição da Kodak* [Kodak]: Chunka Mui: "How Kodak Failed." *Forbes*, 18 de janeiro de 2012; Pete Pachal: "How Kodak Squan- dered Every Single Digital Opportunity It Had." Mashable, 20 de janeiro de 2012; Jeremy Miller: "Instagram Took the Kodak Moment." www.stickybranding.com, 29 de março de 2016.

82 *O oposto da Kodak é uma empresa* [Netflix]: Adam Richardson: "Netflix's Bold Disruptive Innovation." *Harvard Business Review*, 20 de setembro de 2011; Adam Hartung: "Can Netflix Double-Pivot to Be a Media Game Changer?" *Forbes*, 21 de abril de 2016; Bill Taylor: "How Coca-Cola, Netflix, and Amazon Learn from Failure." *Harvard Business Review*, 10 de novembro de 2017.

84 *O que nos lembra de outra história* [Odeo]: Connor Simpson: "The Incredibly True (and Messy) Origin Story of Twitter." *Atlantic*, 1 de outubro de 2013; Nicholas Carlson: "The Real History of Twitter." *Business Insider*, 13 de abril de 2011.

84 *A Sony Pictures lamentará por muito tempo*: Ben Fritz: "The 'Black Panther' Movie Deal That Didn't Get Made." *Wall Street Journal*, 15 de fevereiro 2018.

85 *A empresa foi esperta*: Rob Haskell: "Disney CEO Bob Iger on Taking the Biggest Risk of His Career." *Vogue*, 12 de abril de 2018.

CAPÍTULO DEZ: AGORA VÁ E ENCONTRE A "ZONA DE CORAGEM"

87 *Em seu livro*: Margie Warrell: *Stop Playing Safe: Rethink Risk, Unlock the Power of Courage, Achieve Outstanding Success*. Wrightbooks, 2013.

NOTAS

PARTE TRÊS: APROVEITE O FRACASSO

CAPÍTULO ONZE: QUEBRE A CARA E APRENDA

96 *Com o coração na garganta*: Jean Case: "The Painful Acknowledgment of Coming Up Short." www.casefoundation.org/blog.

97 *É um processo*: Lucy Bernholz: "Failing Forward." *Alliance*, 18 de julho de 2011.

98 *"O produtor de moonshots é um lugar"*: Astro Teller: "The Unexpected Benefit of Celebrating Failure." TED, 14 de abril de 2016.

98 *Louis V. Gerstner Jr., que liderou*: Louis V. Gerstner Jr.: *Who Says Elephants Can't Dance? Leading a Great Enterprise through Dramatic Change*. HarperBusiness, 2002.

99 *Meg Whitman, única mulher*: Jeff Morganteen: "HP's Meg Whitman: One of My 'Big Failures' at eBay." CNBC, 29 de abril de 2014.

CAPÍTULO DOZE: FRACASSE COMO OS GIGANTES

102 *Em um discurso de formatura*: "Winfrey's Commencement Address." *Harvard Gazette*, 30 de maio de 2013.

102 *Steven Spielberg foi uma criança solitária*: Eliza Berman: "Three of Steven Spielberg's Biggest Failures, According to Steven Spielberg." *Time*, 5 de outubro de 2017.

104 *Steve vivenciou seu maior fracasso*: Walter Isaacson: *Steve Jobs*. Simon & Schuster, 2011; Ruth Umoh: "How Overcoming the Fear of Failure Helped Steve Jobs, Tim Ferriss and Bill Gates Succeed." CNBC, 7 de agosto de 2017.

NOTAS

215

104 *20 anos depois*: Steve Jobs: "You've Got to Find What You Love." Stanford University commencement address. *Stanford News*, 14 de junho de 2005.

105 *Um dos investimentos*: Maria Popova: "Pixar Cofounder Ed Catmull on Failure and Why Fostering a Fearless Culture Is the Key to Groundbreaking Creative Work." Brainpickings.

106 *Kelly Clark*: Karen Rosen: "Five-Time Olympian Kelly Clark Looks Back on Her Career and Influencing the Next Generation of Snowboarders." www.teamusa.org, 14 de fevereiro de 2018; Jean Case: "What to Look for During the Olympics." www.casefoundation.org/blog, 5 de fevereiro de 2018.

107 *As falhas de Richard Branson*: Alp Mimaroglu: "What Richard Branson Learned from His Seven Biggest Failures." *Entrepreneur*, 18 de julho de 2017.

CAPÍTULO TREZE: ENFRENTE AS ADVERSIDADES

110 *Em seus tempos mais difíceis*: J. K. Rowling: "The Fringe Benefits of Failure, and the Importance of Imagination." Discurso de formatura em Harvard. *Harvard Gazette*, 5 de junho de 2008.

110 *Em 2016, Rowling postou*: Anjelica Oswald: "Even Rockstar Author J. K. Rowling Has Received Letters of Rejection." *Business Insider*, 29 de julho de 2016.

110 *Quando a vila de Salva Dut*: Linda Sue Park: *A Long Walk to Water: Based on a True Story*. Clarion Books, 2010; Salva Dut: "I Kept Walking." TEDxYouth@Beacon St., 21 de dezembro de 2016; veja também waterforsudan.org.

113 *"Um garoto de 18 anos"*: Jake Wood: "A New Mission for Veterans — Disaster Relief." TEDxSanDiego, dezembro de 2011; veja também https//teamrubiconusa.org.

NOTAS

113 *"Abraço meu passado"* [Darren Walker]: Jonathan Capehart: "Darren Walker: Using Privilege to Fight Privilege." *Washington Post*, 30 de agosto de 2016.

CAPÍTULO CATORZE: MIRE O FUTURO

116 *A Fundação Gates anunciou*: Empresa de Bill e Melinda Gates, www.gatesfoundation.org.

118 *No meio da celebração*: Adam Kilgore: "'It's Never Easy,' but Ted Leonsis Delivered D.C. a Title and a Team to Take Pride In." *Washington Post*, 10 de junho de 2018.

118 *Antes de rotular alguém* [Milton S. Hershey]: Hershey Community Archives, hersheyarchives.org.

120 *"No percurso de uma grande conquista"*: Malcolm Gladwell: "Late Bloomers: Why Do We Equate Genius with Precocity?" *New Yorker*, 20 de outubro de 2008.

120 *Warren Buffett é um líder extraordinariamente*: https://buffett.cnbc.com/video/2018/03/25/buffett-on-the-dumbest-stock-I-ever-bought.html.

PARTE QUATRO: SAIA DA BOLHA

CAPÍTULO DEZESSEIS: LIVRE-SE DOS PONTOS CEGOS

132 *Em 2017, meu amigo*: Ross Baird: *The Innovation Blind Spot: Why We Back the Wrong Ideas — and What to Do About It*. BenBella Books, 2017.

NOTAS

133 *Seu livro parece*: Adam Grant: *Originals: How Non-Conformists Move the World*. Viking, 2016; Steve Case: *The Third Wave: An Entrepreneur's Vision of the Future*. Simon & Schuster, 2016.

134 *A antiga cidade siderúrgica*: Jean Case: "Getting in the Arena: Good Ideas and Innovations Often Come from Unexpected Places." www.case foundation.org/blog, 27 de abril de 2017.

134 *Entre os inovadores da cidade*: Lembre-se de que Jean e Steve Case são investidores da SolePower.

CAPÍTULO DEZESSETE: FORME PARCERIAS IMPENSÁVEIS

137 *E a pesquisa respalda essa ideia*: Vivian Hunt: Dennis Layton e Sara Prince, *Diversity Matters*. McKinsey & Company, 2 de fevereiro de 2015, https://assets.mckinsey.com/~/media/857F440109AA4D13A 54D9C 496D86ED58.ashx.

139 *Esse mesmo modelo de empresa*: Laura Parker: "National Geographic and 21st Century Fox Expand Media Partnership." nationalgeographic. com, 9 de setembro de 2015.

140 *Considere a parceria impensável* [NASA/LEGO]: Matt Blum: "Lego and NASA Build a Partnership for Education." *Wired*, 14 de novembro de 2014.

140 *Anteriormente, descrevi* [Airbnb/KLM]: Ben Mutzabaugh: "KLM MD-11 Listed as 'Spacious Airline Apartment' on Airbnb." *USA Today*, 14 de novembro de 2014.

141 *Outro grande aspecto* [investimento de impacto]: Paul Sullivan: "How to Invest with a Conscience (and Still Make Money)." *New York Times*, 16 de março de 2018; Elizabeth MacBride: "Jean Case Calls On Wall Street to Embrace Impact Investing." cnbc.com, 17 de maio de 2018; Ryan Derousseau: "How Impact Investing Can Put a Profitable Spin on Charity." *Fortune*, 13 de dezembro 2017;

Jean Case: "New Year's Resolution: Invest with an Eye on Impact." www.casefoundation.org/blog, 27 de dezembro de 2017; Jean Case: "Bringing the Last Decade of Impact Investing to Life: An Interactive Timeline." www.casefoundation.org/ blog, 17 de novembro de 2017.

142 *Um dos meus exemplos favoritos* [Jill Andrews]: Jessica Contrera: "How the Fight against Ebola Came to New York Fashion Week." *Washington Post*, 15 de fevereiro de 2015; Anne Quito: "A Wedding Gown Designer Gave the Ebola Hazmat Suit a Makeover." *Quartz*, 19 de fevereiro de 2015.

143 *Melinda Gates confirmou*: "What Nonprofits Can Learn from Coca-Cola." TED, setembro de 2010.

144 *Um dos exemplos mais significativos*: Harold Varmus: "Making PEP-FAR: A Triumph of Medical Diplomacy." *Science & Diplomacy*, 1º de dezembro de 2013; Myra Sessions: "Overview of the President's Emergency Plan for AIDS Relief (PEPFAR)." Center for Global Development, https://www.cgdev.org/page/overview-president% E2%80%99s-emergency-plan-aids-relief-pepfar.

147 *Em uma entrevista, Bono*: Sheryl Gay Stolberg: "The World: A Calling to Heal; Getting Religion on AIDS." *New York Times*, 2 de fevereiro de 2003.

CAPÍTULO DEZOITO: JUNTE TUDO E MUDE O MUNDO

150 *Amo* Hamilton, *de Lin-Manuel Miranda*: Spencer Kornhaber: "Hamilton: Casting After Colorblindness." *Atlantic*, 31 de março de 2016; Rob Weinert-Kendt: "Rapping a Revolution." *New York Times*, 5 de fevereiro 2015.

151 *Ao criar* Hamilton: Ron Chernow: *Alexander Hamilton*. Penguin Press, 2004.

NOTAS

219

151 *Quando expandiram a pesquisa*: Vivian Hunt, Sara Prince, Sundiatu Dixon-Fyle e Lareina Yee, *Delivering Through Diversity*. McKinsey & Company, janeiro de 2018, https://www.mckinsey.com/~/media/mckinsey/business%20functions/organization/our%20insights/delivering%20through%20diversity/delivering-through-diversity_full-report.ashx.

152 *Quando a Deloitte mostrou*: Juliet Bourke, Stacia Garr, Addie van Berkel e Jungle Wong: "Diversity and Inclusion: The Reality Gap." Deloitte Insights, 28 de fevereiro de 2017.

152 *Em 2018, a* Forbes *publicou*: Jeff Kauflin: "America's Best Employers for Diversity." *Forbes*, 23 de janeiro de 2018.

152 *Os números são gritantes*: Pat Wechsler: "Women-Led Companies Perform Three Times Better Than the S&P 500." *Fortune*, 3 de março de 2015; Jena McGregor: "Why It's Smart to Invest in Women-Led Companies." *Washington Post*, 2 de agosto de 2017.

155 *Ela conta que*: Mellody Hobson: "Color Blind or Color Brave?" TED, março de 2014.

156 *O grande maestro*: Claudia Goldin e Cecilia Rouse: "Orchestrating Impartiality: The Impact of 'Blind' Auditions on Female Musicians." National Bureau of Economic Research, janeiro de 1997.

156 *Quando conheci a história*: Dame Stephanie Shirley: "Why Do Ambitious Women Have Flat Heads?" TED, março de 2015.

157 *Outra das minhas histórias favoritas* [Vernice Armour]: "Black Female Pilot Breaks Racial, Gender Barriers." NPR, 27 de maio de 2011.

158 *Em 2016, fui convidada* [Barbara Hackman Franklin]: Jean Case: "One Fearless Question That Paved the Way for Women in Government." www.casefoundation.org/blog, 8 de março de 2016.

CAPÍTULO DEZENOVE: INTENSIFIQUE AS PARCERIAS PARA CRESCER

165 *Tome como exemplo a Libéria* [Last Mile Health]: Claudia Dreifus: "Dr. Raj Panjabi Goes the Last Mile in Liberia." *New York Times*, 31 de julho de 2017.

166 *John Doerr descreve*: John Doerr, *Measure What Matters: How Google, Bono, and the Gates Foundation Rock the World with OKRs.* Portfolio, 2018. Publicado no Brasil com o título *Avalie o que Importa*, Editora Alta Books.

167 *No final de 2004, depois que um terremoto e um tsunami*: Bob Woodruff: "People of the Year: Bill Clinton and George H. W. Bush." *ABC World News Tonight*, 27 de dezembro de 2005.

CAPÍTULO VINTE: AGORA VÁ E SAIA DA BOLHA... TODOS OS DIAS

169 *E, como Stephen R. Covey recomenda*: Stephen R. Covey, *The 7 Habits of Highly Effective People: Powerful Lessons in Personal Change.* Simon & Schuster, 2013. Publicado no Brasil com o título *Os 7 Hábitos das Pessoas Altamente Eficazes.*

NOTAS

PARTE CINCO: SOBREPUJE A URGÊNCIA AO MEDO

CAPÍTULO VINTE E UM: AGARRE A OPORTUNIDADE

174 *Um excelente exemplo*: Jennifer Latson: "How Poisoned Tylenol Became a Crisis-Management Teaching Model." time.com, 29 de setembro de 2014; Judith Rehak: "Tylenol Made a Hero of Johnson & Johnson." *International Herald Tribune*, 23 de março de 2002.

175 *Em seu livro*: Steve Case: *The Third Wave: An Entrepreneur's Vision of the Future*. Simon & Schuster, 2016. Publicado no Brasil com o título *A Terceira Onda da Internet*.

177 *Corrie ten Boom era solteira*: Corrie ten Boom: *The Hiding Place: The Triumphant Story of Corrie ten Boom*. Barbour Books, 2000; www.corrietenboom.com. Publicado no Brasil com o título *O Refúgio Secreto*.

CAPÍTULO VINTE E DOIS: SEJA O PRIMEIRO INTERVENTOR

181 *O Walmart foi fortemente criticado*: Michael Barbaro and Justin Gillis: "Wal-Mart at Forefront of Hurricane Relief." *Washington Post*, 6 de setembro de 2005.

182 *Quando os ânimos se acalmaram*: Lee Scott: "Twenty First Century Leadership." corporate.walmart.com, 23 de outubro de 2005.

183 *José Andrés se considera*: Maura Judkis: "José Andrés on the Moment That Changed the Way He Thought about Charity." *Washington Post*, 12 de março de 2018; Jean Case: "Finding Light in the Darkness." www.casefoundation.org/blog, 10 de janeiro de 2018.

NOTAS

186 *Paul Rieckhoff nunca planejou*: Paul Rieckhoff: *Chasing Ghosts: Failure and Facades in Iraq: A Soldier's Perspective*. NAL Hardcover, 2006.

CAPÍTULO VINTE E TRÊS: NÃO PENSE NEM ANALISE DEMAIS — AJA

189 *Em seu livro*: Mel Robbins: *The 5 Second Rule: Transform Your Life, Work, and Confidence with Everyday Courage*. Savio Republic, 2017. Publicado no Brasil com o título *A Regra dos 5 Segundos*.

190 *Em seu livro*: Ryan Babineaux e John Krumboltz: *Fail Fast, Fail Often: How Losing Can Help You Win*. TarcherPerigee, 2013.

191 *Mas, como Geithner observa*: Timothy F. Geithner: *Stress Test: Reflections on Financial Crises*. Crown, 2014.

192 *Obama criou*: My Brother's Keeper [MBK] Alliance. Fundação Obama, obama.org/mbka/.

192 *Em 1954, Bertha e Harry Holt*: Holt International, holtinternational. org.

194 *Marta Gabre-Tsadick passou décadas*: Project Mercy/Marta's Story. www.projectmercy.org; Marta Gabre-Tsadick, *Sheltered by the King*. Chosen Books, 1983.

197 *"Não é o crítico que conta"*: Theodore Roosevelt: "Citizenship in a Republic." Discurso proferido na Sorbonne, em Paris, França, em 23 de abril de 1910, http://www.theodore-roosevelt.com/images/research/speeches/maninthearena.pdf.

198 *A famosa professora, autora e palestrante*: Brené Brown, *Daring Greatly: How the Courage to Be Vulnerable Transforms the Way We Live, Love, Parent, and Lead*. Avery, 2012.

CAPÍTULO VINTE E QUATRO: AGORA VÁ E FAÇA A DIFERENÇA

199 *"Somos o que escolhemos"*: "Remarks by Jeff Bezos, as Delivered to the Class of 2010, Baccalaureate." Universidade de Princeton, 30 de maio de 2010.

200 *Em seu livro*: Tom Peters, *The Excellence Dividend: Meeting the Tech Tide with Work That Wows and Jobs That Last.* Vintage, 2018.

200 *Como John Kotter, da Harvard Business School*: Paul Michelman e John Kotter: "The Importance of Urgency." Harvard Business Ideacast, agosto de 2008.

ÍNDICE

A

ABC, programa de, 144
AbiliLife, 134
abordagem da contagem regressiva, 189–190
agente de mudança, 132
Airbnb, 9–11, 140–141, 203
Alexander Graham Bell, 78
Amazon, 42, 44, 84, 124
America Online, 41
AOL, 73, 76, 80, 86, 162, 175
Apple, 64, 84, 104, 175
AppleLink, serviço online, 175
Ariel Investiments, 154
Astro Teller, 21, 98, 124, 201

B

Barbara Hackman Franklin, 158
Barbara Van Dahlen, 112, 173
Berkshire Hathaway, 121
Bernie Glassman, 26
Bertha e Harry Holt, 192
Bill Clinton, 167, 170
Bill Gates, 116, 120
biomédica, 134
Bobby Moucheron, 130
Bob Iger, 85
Bob Pierce, 192
branding, 176
Brian Chesky, 8, 10, 50, 173
Bryan Pezeshki, 11

C

Case Foundation, 25, 29, 94, 153, 192
Chrysler, 191

Chuck Colson, 145
C.J. Walker, 6
Clay Hunt, 112
CleanRobotics, 134
cobranding, 139
Corrie ten Boom, 177, 200
Courtney Williamson, 134

D

Dan Gilbert, 134
Danone, 15
Darren Walker, 113
David Gilboa, 35
D.C. Central Kitchen, 183
Deloitte, 152
diversidade, 151

E

eBay, 99–100
ebola, 142
Ed Catmull, 105
Edward Jenner, 65
Eli Lilly, 145

ÍNDICE

Eliza Scidmore, 58
Elon Musk, 23
Emily Putt, 186
empoderamento feminino, 7
engenharia automotiva autônoma, 134
Enric Sala, 32
Equal Justice Initiative, 37
Eric Ries, 68
Ernest Shackleton, 60–61, 125, 173
Eunice Kennedy Shriver, 29

F

Facebook, 73, 74, 116, 131
financiamento coletivo, 74
Fortune 500, 153
Freelance Programmers, 157
Fundação Ford, 113, 134–135, 142
Fundação Gates, 116, 116–117, 125, 144
Fundação Obama, 192
Furacão Harvey, 186
furacão Katrina, 181

G

GE, 79
GE Foundation, 143
General Motors, 191

George Eastman, 81
George W. Bush, 167, 191
Give an Hour, 4
Giving Pledge, 120
Google, 74, 163
Greyston Bakery, 26

H

Hahna Alexander, 134
Happy Family, 14
Harold Ford, 155
Harvey Milk, 164
Hellen Keller, 176
Henry Ford, 41
Hershey Chocolate Company, 119
Hershey Industrial School, 119
Hewlett-Packard, 100
Hilary Hansen, 186
Hillary Clinton, 184
H. Lee Scott Jr., 182

I

IBM, 98, 99
inclusão, 151
inteligência artificial, 134
interventor, 181–188

J

Jack Dorsey, 84
Jake Wood, 112
James E. Burke, 174
Jane Goodall, 65, 144

Jeff Bezos, 42–44, 50, 124, 199
Jessica Jackley, 74
Jessica Lewis, 182, 200
Jill Andrews, 143, 170
Jim McIngvale, 186
J.K. Rowling, 110, 124
Joe Gebbia, 173
John F. Kennedy, 19–21
John Kotter, 200
Johnson & Johnson, 174
Jonas Salk, 67
Jonathan Smith, 186
Jordyn Schara, 25
José Andrés, 183, 185, 201
Josh Linkner, 81
Justin Knopf, 76

K

Kelly Clark, 106
Kindertransport, 156
Kindle, 44
Kiva, 74
KLM Airlines, 140
Kodak, 81–82

L

Larry Page, 166
Last Mile Health, 165
LEGO, 140
Let's Move, 185

ÍNDICE

Loretta Claiborne, 31
Lucasfilm, 162
Lucy Bernholz, 97

M

Marc Randolph, 83
marketing, 176
Mark Zuckerberg, 74
Marta Gabre-Tsadick, 194
Martin Luther King Jr., 179
Matt Flannery, 74
Matthew Stanton, 134
MBK Alliance, 192
Meg Whitman, 99
Melinda Gates, 117, 120, 143
Mellody Hobson, 154, 170
Mel Robbins, 189
método de P&D, 67
Michael Jordan, 106
Michael Smith, 192
Michelle Bachelet, 27–28
Microsoft, 163
Mike Brady, 26
Milton S. Hershey, 118
M&M Redzone, 130
moonshot, 19
Muhammad Yunus, 74
My Brother's Keeper, 192

N

NASA, 140
NASCAR, 162
National Geographic, , 32, 65, xlii
National Geographic Society, , 57, xxiii, xli
nazistas, 177
Neil Armstrong, 20
Neil Blumenthal, 35, 37
Nelson Mandela, 175
Netflix, 82
Nick Swinmurn, 69
Nike
    just do it, 189–192
Noah Glass, 84
Northern Trust, 152

O

Obama, 167, 191
Odeo, 84
Omaha Steaks, 162
Oprah Winfrey, 35, 101–108, 109, 201

P

partido Nazista, 176
Paul Rieckhoff, 186
PEPFAR, 170
perfeição, 125
Peter Drucker, 50, 164
Pixar, 105
PlayPumps, 94

poliomielite, 67, 116
potencial competitivo, 162
Pristine Seas, 28
Projeto Mercy, 194
propósito, 87

Q

Quicken Loans, 134

R

Rachel Sumekh, 11
Randall Tobias, 145
Reed Hastings, 83
revolução digital, 17
Richard Branson, 107
Rick Wagoner, 191
risco, 63, 89
Robert F. Kennedy, 94
Ross Baird, , xiv

S

Salva Dut, 110
Sarah Breedlove, 6
Sarah Parcak, 45
Serena Williams, 106
Sergey Brin, 166
Shazi Visram, 14
SolePower, 134
Sony, 85
Sony Pictures, 84, 85
SpaceX, 23
Special Olympics, 29
Spotify, 116

ÍNDICE

Stephanie Shirley, 156
stephen hawking, 21
Stephen R. Covey, 169
Steve Case, 73
Steve Jobs, 64, 104
Steven Spielberg, 102, 103, 109
Swipe Out Hunger, 11

T

Ted Leonsis, 117
Tesla, 23
Theodore Roosevelt, 197
Thomas Edison, 71–72, 103, 109, 124
Thomas J. Watson Sr., 98
Time Warner, 164
Timothy Geithner, 191
Trashbot, 134
Twitter, 74
Tylenol, 174

U

Uber, 134

V

VAI Consulting and Training, 158
Vaish Krishnamurthy, 134
vantagem competitiva, 151
varíola, 65
Vernice Armour, 157
Virgin Atlantic Airways, 107

W

Walmart, 181
Walt Disney, 85, 105
Warby Parker, 173
Warren Buffett, 120–121, 124
Washington Capitals, 117
Water for South Sudan, 111
Waymo, 22

William McNulty, 112
Wisconsin Prescription Pill and Drug Disposal, 25
World Central Kitchen, 183
World Vision, 192

X

X, 21

Z

Zappos, 69
Zubin Mehta, 156

CONHEÇA OUTROS LIVROS DA ALTA BOOKS

Negócios - Nacionais - Comunicação - Guias de Viagem - Interesse Geral - Informática - Idiomas

  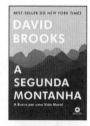 

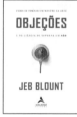   

Todas as imagens são meramente ilustrativas.

SEJA AUTOR DA ALTA BOOKS!

Envie a sua proposta para: autoria@altabooks.com.br

Visite também nosso site e nossas redes sociais para conhecer lançamentos e futuras publicações!

www.altabooks.com.br

/altabooks · /altabooks · /alta_books

ALTA BOOKS
EDITORA